外商直接投资与中国地区收入差距

——基于外部性视角的研究

马立军　著

东南大学出版社
SOUTHEAST UNIVERSITY PRESS
·南京·

图书在版编目(CIP)数据

外商直接投资与中国地区收入差距:基于外部性视角的研究 / 马立军著. —南京: 东南大学出版社, 2016.12

ISBN 978-7-5641-6924-4

Ⅰ. ①外… Ⅱ. ①马… Ⅲ. ①外商直接投资-关系-收入差异-区域差异-研究-中国 Ⅳ. ①F832.6 ②F126.2

中国版本图书馆 CIP 数据核字(2016)第 322872 号

外商直接投资与中国地区收入差距:基于外部性视角的研究

出版发行	东南大学出版社
地　　址	南京市四牌楼 2 号　邮编:210096
出 版 人	江建中
责任编辑	唐　允
经　　销	全国各地新华书店
印　　刷	虎彩印艺股份有限公司
开　　本	700 mm×1000 mm　1/16
印　　张	8.75
字　　数	170 千
版　　次	2016 年 12 月第 1 版
印　　次	2016 年 12 月第 1 次印刷
书　　号	ISBN 978-7-5641-6924-4
定　　价	25.00 元

本社图书若有印装质量问题,请直接与营销部联系。电话(传真):025-83791830。

序 PREFACE

改革开放以来,外商直接投资(以下简称 FDI)大量流入我国,与此同时,受地理位置、优惠政策等影响,流入我国的 FDI 高度集中于东部地区,FDI 地区间的高度不均衡分布影响到我国各地区的收入水平,并使之出现较大差距。

FDI 主要通过两个机制影响流入地区经济增长:一是作为从外部引进的增量资本直接影响经济增长,二是通过各种渠道产生外部效应而间接影响经济增长。已有文献对前者的作用已基本达成共识,但对 FDI 外部性的作用有待进一步研究。

综合学术界的研究成果,本书将 FDI 的外部效应分为三种:技术外溢效应、资本挤入效应和产业集聚效应。本书以上述三种外部效应为基础,着重研究以下四个方面的问题:① FDI 对中国地区收入差距的贡献;② FDI 技术外溢效应促进经济增长的内生机制及对中国地区收入差距的影响;③ FDI 资本挤入效应的微观机制、地区间资本挤入效应的差异及对地区收入差距的影响;④ FDI 产业集聚效应的理论分析及实证检验。

本书利用数据归纳方法、理论演绎方法和实证检验的方法,深入研究了 FDI 三种外部效应对中国地区收入差距的影响,基本研究结论如下:

第一,地区收入差距的形成和变动是地区经济增长差异的结果,FDI 不仅通过资本效应直接影响经济增长,而且通过技术外溢、资本挤入和产业集聚等外部效应间接影响经济增长。

第二,FDI 非均衡分布变动趋势与地区收入差距变动趋势一致。统计数据分析表明,自 20 世纪 80 年代末以来,我国 FDI 中近 80%分布于东部地区,但是东部占比呈现出倒 U 型趋势。与之相对应,中国地区收入差距也呈先升后降的倒 U 型变动趋势。

第三,使用方差分解模型,引入 FDI 存量和人力资本存量的交互项,间接度量

FDI外部性对地区收入差距的贡献。实证结果显示FDI通过资本效应和外部效应两种途径，对中国地区收入差距形成的贡献度约为20%。

第四，构建FDI技术外溢效应的内生增长模型对FDI与地区收入差距的技术外溢机制进行理论分析和实证检验。实证结果表明：FDI通过技术外溢效应促进了经济增长，在控制了FDI等因素之后，中国经济增长存在条件收敛，表明FDI通过技术外溢这一机制扩大了地区收入差距。

第五，本书基于FDI的异质性假设，对外资进入后对国内投资的影响进行理论分析和实证检验。实证结果表明：① 国内投资中部地区受FDI挤入最多，东部和西部次之。结合各地区FDI占比变动情况，FDI通过资本挤入效应对中部地区经济增长贡献最大，东部略低，对西部经济增长的贡献很小，因此FDI通过资本挤入效应扩大了中国地区收入差距。② 只有内外资技术差距达到一定程度，FDI才会产生挤入效应。③ 各地区FDI产业分布差异也是造成地区间FDI挤入效应差异的原因。

第六，FDI通过产业集聚效应影响地区收入差距。本书以省（自治区、直辖市）FDI份额为核心解释变量，对地区产业集聚的影响进行实证检验。结果表明，在控制FDI等变量的内生性之后，FDI显著影响着中国工业的地区集聚。同时，地理位置、空间成本、人力资本、人口比重等均显著影响着工业的集聚。

根据上述研究结论，本书最后就FDI与我国地区收入差距提出了相关政策建议。一是缓解FDI非均衡分布问题。这需要国家加大中部、西部的基础设施建设，改善投资环境。外资优惠政策向中部和西部倾斜，从制度层面引导FDI向中西部流动。二是加大对中西部地区的管理人员、技术工人等群体的培训力度，提高他们的素质和能力。三是改善中小企业的融资环境，降低融资成本，提高中小企业的竞争力，降低外资企业的市场攫取效应。

目录 CONTENTS

第一章　导　论

本书基于外商直接投资(以下简称 FDI)在中国地区间高度非均衡分布的事实,以外部性为视角,研究 FDI 对中国地区收入差距的影响。本章主要从四个部分进行阐述。第一节主要介绍本研究的背景及提出问题;第二节为基本概念界定;第三节为主要研究方法和创新之处;第四节提出本书的研究思路,并在此基础上进行结构安排。

1.1　研究背景及问题提出

20 世纪 80 年代末以来,FDI 的流入逐步增加,我国 FDI 存量由 1987 年的 57.2 亿元增加到 2012 年的 4 262 亿元,增加了 73.5 倍。虽然总量增长迅速,但政策导向、基础设施、产业结构等初始条件的差异导致 FDI 在中国地区间分布不平衡。如表 1.1 所示,东部地区 FDI 的流量占全国比重虽然呈现先增后减的趋势,但仍占有绝对性优势,中西部地区所占的比重虽有所增加,但份额仍相对较低。

在 1987—1991 年间,东部地区年均 FDI 流量为 94.38 亿元,占全国比重为 81.1%,中部地区年均 FDI 流量为 14.26 亿元,占全国比重为 12.3%,西部地区年均 FDI 流量为 7.79 亿元,占全国比重为 6.6%。

在 1992—1996 年间,东部地区年均 FDI 流量为 1 029.36 亿元,增幅达到 990.65%,FDI 年均流量占全国的 82.7%。中部地区年均 FDI 流量为 136.96 亿元,增幅 860.45%,占全国的 11%。西部地区年均 FDI 流量为 79.02 亿元,增幅 914.38%,占全国的 6.3%。

在 1997—2001 年间,东部地区 FDI 占比进一步上升,占全国的 83.9%,年均 FDI 流量为 1 467.47 亿元,增幅为 42.56%,增长幅度继续位居三大地区之首。中部地区年均 FDI 流量为 191.07 亿元,增幅为 39.51%,占全国的 10.9%。西部地区年均 FDI 流量为 91.54 亿元，增幅为 15.84%，占全国的 5.2%。

在 2002—2006 年间，全国 FDI 流入仍然大幅增长，但东部增长速度低于中部。东部地区年均 FDI 流量为 2 239.05 亿元，增幅为 52.58%，占全国比重为 83.6%。中部地区年均 FDI 流量为 321.06 亿元，增幅 68%，占全国的 12%。西部地区年均 FDI 流量为 117.06 亿元，增幅 27.87%，占全国的 4.4%。

在 2007—2012 年间，东部 FDI 年均流入 2 923.8 亿元，增幅为 30.58%，占全国比重下降为 72.7%。中部地区年均 FDI 流量为 715.2 亿元，增幅 122.76%，占全国的 17.8%。西部地区年均 FDI 流量为 379.86 亿元，增幅 224.5%，占全国 FDI 年均流入比重为 9.5%。

表 1.1 1987—2012 年中国各省(自治区、直辖市)分阶段年均 FDI 流量(单位:亿元人民币)

省(自治区、直辖市)	1987—1991	1992—1996	1997—2001	2002—2006	2007—2012
东部	***94.38*** ***(81.1%)***	***1 029.36*** ***(82.7%)***	***1 467.47*** ***(83.9%)***	***2 239.05*** ***(83.6%)***	***2 923.8*** ***(72.7%)***
北京	10.18	43.42	63.01	73.08	107.49
天津	2.49	41.26	96.92	98.97	219.13
河北	1.15	23.42	46.03	48.09	85.03
辽宁	6.10	48.38	89.79	179.28	430.03
上海	9.73	115.59	136.19	204.23	266.97
江苏	4.80	155.21	272.84	525.41	577.52
浙江	1.77	41.43	61.64	206.16	261.13
福建	9.69	111.98	130.66	175.17	225.52
山东	3.62	84.12	106.29	276.46	234.88
广东	41.50	333.46	442.98	430.08	484.29
海南	3.35	31.09	21.12	22.12	31.81
中部	***14.26*** ***(12.3%)***	***136.96*** ***(11.0%)***	***191.07*** ***(10.9%)***	***321.06*** ***(12.0%)***	***715.2*** ***(17.8%)***
山西	0.15	2.58	8.85	6.91	24.38
吉林	2.71	27.04	23.65	30.09	90.49
黑龙江	3.33	16.71	33.78	45.32	65.52
安徽	0.24	15.37	15.44	26.04	124.14

续表 1.1

省(自治区、直辖市)	1987—1991	1992—1996	1997—2001	2002—2006	2007—2012
江西	0.30	9.01	13.09	60.20	90.16
河南	1.12	14.76	19.31	30.62	135.21
湖北	6.05	36.71	51.09	70.26	91.44
湖南	0.36	14.78	25.86	51.62	93.86
西部	***7.79*** ***(6.6%)***	***79.02*** ***(6.3%)***	***91.54*** ***(5.2%)***	***117.06*** ***(4.4%)***	***379.86*** ***(9.5%)***
内蒙古	0.98	12.52	16.50	32.12	65.55
广西	1.20	20.43	21.06	12.07	15.51
云南	1.09	22.11	26.43	40.28	224.78
四川	0.68	2.91	6.17	4.70	7.35
贵州	0.14	4.91	3.94	4.92	22.42
陕西	2.66	9.20	12.73	17.56	34.27
甘肃	0.35	3.62	2.21	1.34	2.79
宁夏	0.47	1.64	1.82	2.66	3.23
新疆	0.22	1.68	0.68	1.41	3.96
全国	***116.43***	***1 245.34***	***1 750.08***	***2 677.17***	***4 018.86***

注:表中括号内的数字为各地区 FDI 占全国 FDI 的百分比,其他数字为 FDI 年均流入额。表中数据均以 1987 年为基期进行了平减。

资料来源:《新中国 60 年统计资料汇编》(中国统计出版社)以及 2013 年各省(自治区、直辖市)统计年鉴。

就中国地区收入差距而言,如图 1.1 所示,中国地区收入差距自 1987 年不断扩大,2004 年以来不断下降,呈现倒 U 型变动趋势,这与东部 FDI 占全国比重的变动趋势类似。同样,以人均 FDI 方差表示的中国 FDI 非均衡分布自 1992 年之后的变动也呈现倒 U 型。

FDI 非均衡分布和中国地区收入差距变动均呈倒 U 型,二者是否有密切关联?如果有联系,FDI 非均衡分布对地区收入差距的贡献多大?FDI 非均衡分布引起地区收入差距变动的机制是什么?这些问题都值得仔细研究。

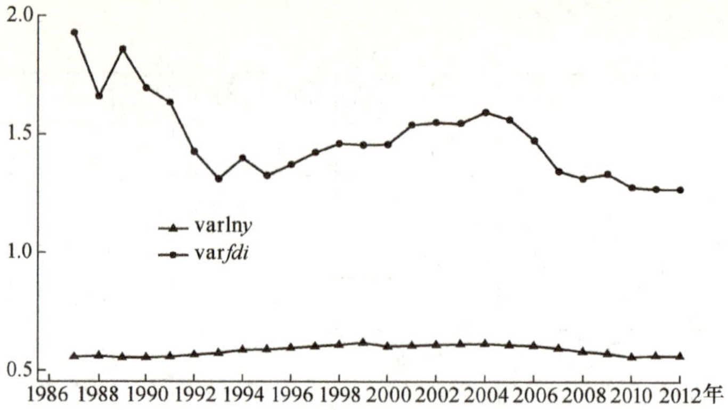

图 1.1　1987—2012 年间中国地区收入差距变化趋势图

注：varlny 指人均实际 GDP 对数方差，var*fdi* 指人均 FDI 方差。

1.2　基本概念界定

1.2.1　地区收入差距

1) 地区的界定

通常来讲，地区收入差距指省际地区收入差距，如 X. Zhang 和 K. H. Zhang (2003)、万广华等(2005)、管卫华等(2006)、洪兴建(2010)等人的文章均以省际差距为视角研究。因此本书的地区主要指按行政单位划分的省、自治区和直辖市，由于西藏和青海的数据不全(西藏直到 1998 年才有 FDI 统计数据，青海直到 1997 年才有 FDI 统计数据)，将这两地剔除，重庆市直辖时间较短，将重庆市并入四川省，因此本书考察的省(自治区、直辖市)共包括 28 个。

2) 收入的界定

衡量地区收入的指标很多，包括人均 GDP、劳均 GDP、人均国民收入、人均可支配收入、纯收入等，但多数文献以人均 GDP 表示地区收入。由于本书主要以经济增长理论为分析工具，因此本书的收入指的是人均 GDP。

3) 地区收入差距的界定

根据相关文献和本书研究的目的、研究方法，将地区收入差距界定为省(自治区、直辖市)间人均实际 GDP 的差距①。这一界定与 X. Zhang 和 K. H. Zhang

① 根据地区收入差距衡量指标的分解形式(如基尼系数和泰尔指数)，省际收入差距可以分解为地区内部差距和东部、中部和西部三大地区间的差距，统计结果表明三大地区间的差距比重大于地区内部差距的比重，因此文中也将涉及东中西三大地区间的收入差距。

(2003)、万广华等(2005)、洪兴建(2010)等学者的界定类似。

1.2.2 FDI外部性

FDI外部性也称溢出效应,多从技术外部性角度界定,即FDI流入后会影响东道国企业的技术水平或生产效率,但跨国公司子公司又无法获取全部收益的情形(Blomström、Kokko,1998;张建华、欧阳轶雯,2003)。然而,FDI除了促进东道国技术进步之外,还会通过扩大市场规模、促进专业化生产等渠道降低东道国企业生产成本,产生货币外部性①。据此,本书借鉴Peres(1996)和张建华等(2003)的思想,将FDI外部性界定为:FDI通过各种渠道导致技术的非自愿扩散或降低东道国企业生产成本,进而影响东道国企业技术水平、资本存量和空间分布,而跨国公司子公司又没有获得全部收益的情形。

1.3 主要研究方法和创新之处

1.3.1 主要研究方法

(1)归纳方法和演绎方法相结合。通过归纳FDI分布的特征与趋势、地区收入差距变动特点和趋势,梳理FDI流入与中国地区收入差距的关系,同时基于内生经济增长理论,构建FDI外部性影响经济增长的理论模型,描述FDI外部性影响经济增长的机制。

(2)理论研究方法和实证研究方法相结合。根据相关理论和趋势,提出FDI外部性影响地区收入差距的假说,利用面板数据进行实证检验。

(3)宏观分析和微观分析相结合。本书研究的主题属于宏观经济范畴,但宏观经济运行实质上是微观企业运行的结果,因此在构建理论模型时,会适当运用微观经济学的分析框架。

1.3.2 创新之处

FDI除了作为资本影响地区收入差距外,还会通过外部性产生影响,如果忽视

① Scitovsky(1954)根据传导机制不同划分的两种类型,即货币外部性(pecuniary externalities)和技术外部性(technological externalities)。其中货币外部性是指纯粹来自于市场交互作用的外部性。这种外部性仅对那些参与影响价格机制的经济活动的企业产生作用(Ottaviano 和 Thisse,2001)。技术外部性被定义为那些不经过市场交易而可以直接对生产函数产生影响的经济活动的结果(徐玲,2010)。

其外部性对经济增长及地区收入差距的影响会产生认识的偏差。本书拟基于内生增长理论、产业集聚理论研究 FDI 外部性对地区收入差距的影响，从而丰富 FDI 研究理论。本书可能的创新之处如下：

(1) 综合考虑 FDI 通过资本和外部性对地区收入差距的影响，因此本书研究结论不同于已有的研究成果，具有一定的新意。现有文献度量 FDI 对地区收入差距贡献只考虑 FDI 作为资本的作用，忽略了外部性这一影响机制。本书基于 FDI 外部性与人力资本密切相关的事实，根据 X. Zhang 和 K. H. Zhang(2003)方差分解模型，引入 FDI 存量和人力资本的交互项，间接度量 FDI 外部性对地区收入差距的贡献。

(2) 通过将 FDI 技术外溢内生化进一步分析 FDI 影响地区收入差距的内在机制。现有文献在 FDI 技术外溢外生的假设下，依据内生增长理论框架分析 FDI 技术外溢的作用。本书根据 Barro 和 Sala-i-Martin(1995)关于"具有干中学和知识外溢"的模型，以及 Luiz R. de Mello(1997)关于 FDI 外溢效应的思想，构建包含 FDI 技术外溢的内生增长模型，通过动态优化理论求解 FDI 技术外溢与经济稳态增长的关系。

(3) 深入分析 FDI 挤入效应的理论机制。针对现有关于 FDI 挤入效应的文献主要集中在定量研究，缺乏较为完善的挤入机制研究的问题。本书基于 FDI 的异质性假设，构造包含吸收能力、内外资技术差距等影响 FDI 挤入效果的理论模型，为解释地区间 FDI 挤入效果差异提供了理论基础。

(4) 将 FDI 影响产业集聚实证研究的视角从中观拓展至宏观。本书以省份 FDI 份额为核心解释变量，根据产业集聚相关理论，提出有关假说，实证检验 FDI 对地区产业集聚的作用。

1.4 研究思路与结构安排

1.4.1 研究思路

地区收入差距的影响因素很多，包括要素投入、经济结构、政策制度、地理位置和历史因素。FDI 作为影响因素之一，其大量流入和非均衡分布是改革开放政策实施和地区间地理位置差异的结果，显著影响着地区间资本投入的差异，也影响着地区间经济结构、企业技术水平。

地区收入差距的变动除了受初始收入水平影响之外，最终受地区经济增长差异的影响。所以进一步探究地区收入差距背后的形成机制，必须探寻地区经济增长差异的原因(张吉鹏、吴桂英，2004)。基于此，本书主要从经济增长的视角研究FDI对地区收入差距的影响。

FDI对经济增长的影响包括直接影响和外部性影响。一方面，FDI流入的形式多为绿地投资，增加流入地区的资本存量，直接促进流入地区的经济增长。另一方面，外资企业普遍具有先进的技术、现代的管理理念、优质的人力资本，国内企业通过与之竞争，模仿和学习，引进人才获得相关优势，从而提高技术水平，降低生产成本和增加投资，即产生技术外溢效应和资本挤入效应，同时这两种效应又与产业集聚形成互动，间接促进流入地区的经济增长。地区间FDI流入数量的差异导致了经济增长的差异，进一步表现为地区收入差距的扩大。FDI影响地区收入差距的机制具体见图1.2。

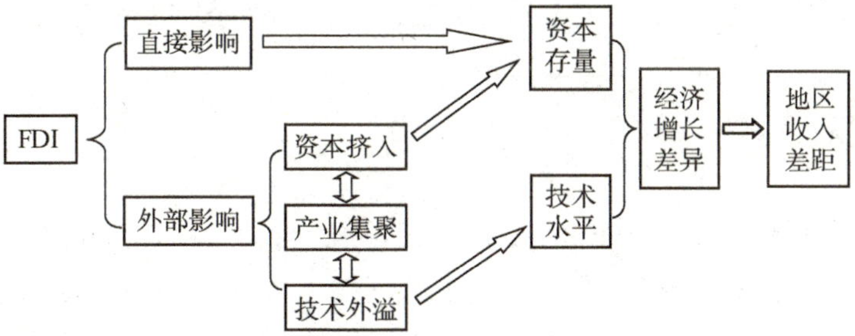

图1.2 FDI影响地区收入差距的机制

基于上述机制，本书以FDI外部性为视角，从技术外溢、资本挤入和产业集聚等方面对FDI影响中国地区收入差距的作用机制进行理论分析和实证检验。图1.3是本书的研究思路图。

本书定量分析FDI作为投资及外溢效应对中国地区收入差距的贡献，然后构建FDI技术外溢促进经济内生增长模型，在此基础上，研究FDI技术外溢对中国地区经济收敛的影响。通过构建FDI挤入国内投资的理论模型，将影响FDI挤入效应的相关影响因素模型化，对FDI挤入效应进行定量研究，并测算FDI通过这一间接效应对经济增长的贡献。以省(自治区、直辖市)工业生产总值份额为被解释变量，以相应的FDI份额为解释变量，研究FDI非均衡分布对中国地区产业集聚的影响，进而间接解释这一外部性对地区收入差距的影响。另外FDI的大量流入与改革开放、市场化进程相生相伴，FDI能否促进发展中国家的经济增长，取决于东道国的市场化水平、基础设施等因素(庄起善，2008)。为此本书还将探讨市场

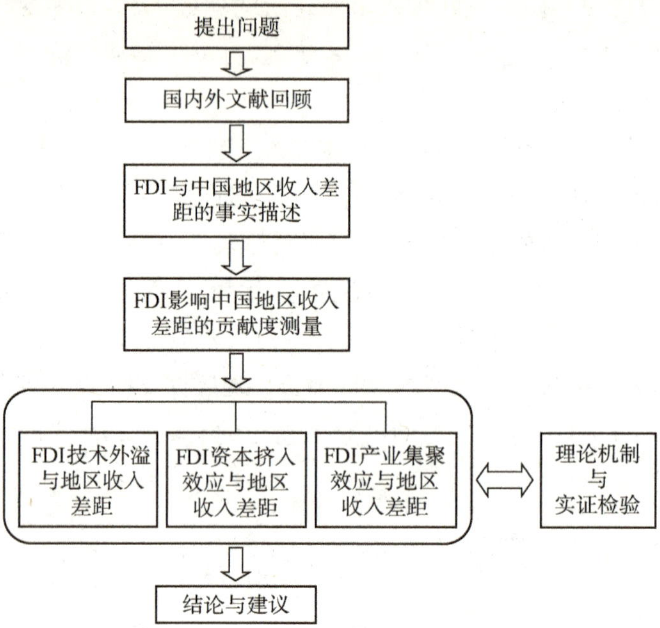

图 1.3 研究思路示意图

化进程对我国地区收入差距的影响。外资企业生产的产品又有相当一部分出口到国外,因此 FDI 的分布差异又会影响到地区间的出口贸易,影响不同地区企业的全要素生产率,进而影响到地区间收入差距。因此本书将通过第九章描述我国地区间出口贸易对全要素生产率的影响。

1.4.2 结构安排

第一章导论。提出了研究的背景、现实意义和理论意义,界定基本概念,对本书的研究方法、创新之处、整体框架和主要内容做全面概要阐述。

第二章文献综述。主要回顾 FDI 对中国地区收入差距的贡献度测量、FDI 技术外溢、FDI 对国内投资挤入效应和 FDI 产业集聚效应方面的文献。对已有的国内外研究文献进行梳理和评述,进而指出本书研究的主要思路和创新点。

第三章 FDI 与中国地区收入差距:特征和趋势。分别对 FDI 和中国地区收入差距变动的特征和趋势进行描述和分析,运用描述性统计方法对 FDI 和中国地区收入差距变动之间的关系进行了统计描述。

第四章 FDI 与中国地区收入差距:贡献度测量。首先估计各省、自治区、直辖市的 FDI 存量,然后构建 FDI 与地区经济增长的理论模型,利用各省、自治区、直辖市 1987—2012 年的面板数据进行回归分析和各因素贡献度分解测量。考虑到已有的文章主要分析 FDI 作为资本对地区收入差距的贡献，本章引入 FDI 与人力资本的交互项，用以考察 FDI 外部性对地区收入差距的影响。

第五章 FDI 技术外溢与中国地区收入差距。本章首先构建 FDI 技术外溢促进经济内生增长的理论模型，然后以该理论模型为基础构建检验条件收敛的回归方程，并利用中国 1987—2012 年的省（自治区、直辖市）数据进行实证检验，主要考察 FDI 是否能够通过技术外溢影响经济增长，以及 FDI 对中国省（自治区、直辖市）经济增长收敛的影响。

第六章 FDI 挤入效应与中国地区收入差距。本章首先以 FDI 异质性为视角，构建了一个包含吸收能力、技术差距等东道国因素的模型，利用比较静态分析方法探讨不同因素对挤入效应的影响。其次，根据模型得出的基本结论，设计 FDI 挤入国内投资的实证模型，检验东、中、西部地区的 FDI 挤入效果。然后实证检验国内投资对经济增长的影响，再结合 FDI 影响国内投资的结果，分析 FDI 挤入效应对中国地区收入差距的影响。

第七章 FDI 产业集聚效应与中国地区收入差距。本章根据产业集聚相关理论提出 FDI 产业集聚效应的相关假说，以省（自治区、直辖市）工业生产总值份额为被解释变量，以省（自治区、直辖市）FDI 份额为核心解释变量，实证检验 FDI 非均衡分布对中国工业集聚的影响，进而间接了解 FDI 非均衡分布对中国地区收入差距的影响。

第八章市场化水平与中国地区收入差距变动。前几章我们分析了 FDI 区域分布对中国地区收入差距的影响，表明 FDI 的差异性分布是造成我国地区收入差距的影响因素之一，然而 FDI 的大量流入与我国改革开放、市场化进程是相生相伴的，改革开放的过程就是市场化的过程，东部地区受政策支持和激励，大量引入外资，对外贸易增加，非国有经济比例上升，企业竞争意识和竞争力增大，东中西部市场化水平差距逐渐扩大，本章主要研究市场化水平差距对中国地区收入差距的影响机制和影响程度。

第九章出口贸易、人力资本与中国全要素生产率。本章探讨出口贸易对全要素生产率的影响。实证结果表明中国出口行业的发展有利于中国全要素生产率的增长，且存在要素配置效应和技术外溢效应。制成品出口对中国全要素生产率提升作用大于初级产品出口，人力资本对中国全要素生产率增长具有正向作用，但其与出口产业发展不相匹配，出口行业不能通过人力资本的提升促进全要素生产率的增长。

第十章基本结论及进一步研究方向。对本书的主要结论和政策含义进行概括总结，并对本书研究主题在以后研究中的重点和方向进行展望。

第二章 文献综述

因为收入水平上的差距终究是初始水平差距和长期增长差距的结果，找出导致增长差异的原因就能更好地揭示造成人均产出或者收入水平差异的根源和机制（张吉鹏和吴桂英，2004），而FDI通过改变地区资本存量、企业技术水平、企业空间分布影响经济增长，进而影响地区收入差距。本章从四个方面总结和评述相关文献，第一部分是FDI影响经济增长的国际国内经验，第二部分是FDI技术外溢效应，第三部分是FDI资本挤入效应研究，第四部分是FDI产业集聚效应研究。

2.1 FDI对经济增长的影响

2.1.1 国际经验

国内外学者对FDI与经济增长的关系做了大量的理论和实证研究，总体上FDI对经济增长具有一定的贡献，但是不同国家或地区的表现不尽相同。De Mello(1997)认为FDI可以通过增加东道国的资本品新品种，促进经济增长。Marta Beng(2003)通过对18个拉丁美洲国家1970—1999年的面板数据的分析，认为FDI可以促进东道主国家的经济增长。

Nath(2004)使用1990—2000年间中欧和东欧的转型经济体的面板数据，在内生增长理论框架里探讨贸易和FDI对经济增长的作用，实证结果表明，在使用人均GDP增长率作为被解释变量时，FDI对经济增长的作用受到对外开放程度的影响；在使用人均GDP作为被解释变量时，无论是否考虑对外开放的程度，FDI均显著促进经济增长。

Chowdhury等(2005)以1969—2000年间智利、马来西亚和泰国等国的时间序列数据为样本，研究发现在智利，经济增长导致了FDI的流入，在马来西亚和泰国，经济增长和 FDI 有着强烈的双向因果关系。

Li 和 Liu(2005)利用 84 个国家(21 个发达国家和 63 个发展中国家)的 1970—1999 年间的面板数据，分析 FDI 对经济增长的影响。发现无论在发达国家还是发展中国家，FDI 的流入均刺激了经济增长。在考虑 FDI 与人力资本和技术差距的交互作用后，发现人力资本对经济增长具有正向作用，但技术差距在发达国家为正，但不显著，而在发展中国家具有负向作用。

Darrat 等(2005)以中东欧及中东和北非地区国家为研究对象，研究结果表明，外国直接投资流入只对中东欧地区加入欧盟的国家的经济增长起到作用，而对中东和北非地区以及非欧盟的国家的经济增长没有作用甚至是负向影响。

Hansen 和 Rand(2006)使用 1970—2000 年期间 31 个发展中国家的面板数据，分析 FDI 占 GDP 比重与经济增长之间的关系。发现 FDI 对经济增长具有持久的影响，而经济增长没有长期影响 FDI 占 GDP 比重。

Lensink 和 Morrissey(2006)通过建立 FDI 内生增长模型，利用 87 个国家 1975—1997 间的数据，发现 FDI 波动对经济增长有一定的影响。

FDI 对经济增长带动效果的差异，是由东道国不同的政治环境、经济基础条件、金融环境等造成的。Busse 和 Groizard(2008)以 82 个国家为样本，分析 FDI 对经济增长的影响，发现 FDI 对经济增长的有益影响需要一个良好的政治环境。Choong(2012)使用 1983—1996 年间 95 个发展中国家和发达国家数据，检验了 FDI、金融发展和经济增长的关系，发现 FDI 对经济增长的促进作用，取决于金融发展的水平。

2.1.2　中国经验

1) FDI 对中国经济增长的影响

梁志成(2000)通过实证检验发现，FDI 对中国经济增长的贡献也是较为显著的。陈浪南(2002)研究认为在 1992—1998 年间，中国每年的经济增长中约有 0.5 个百分点是由外商直接投资带来的。罗长远(2004)对 FDI 对经济增长的关系进行理论分析和实证检验，认为 FDI 通过增加流入地区物质资本促进经济增长的作用不明显，主要通过技术外溢和挤入国内投资间接促进了经济增长。

罗长远(2006)认为 FDI 对经济增长的促进作用有限，推动经济增长的主要推动力是固定资产投资，同时 FDI、私人部门投资对经济增长的直接作用均不显著。刘渝琳和郭嘉志(2008)得出了除了在东部地区 FDI 对经济增长短期内呈现积极效应外，FDI引资整体情况并不容乐观的结论，并认为这与长期以来中国的引资政策有紧密的联系。靳涛和沈斌(2008)认为人力资本对经济增长的拉动效果最为显著，而外资直接投资对经济增长的效果不明显，这说明外商直接投资的作用有直接作用和间接作用，间接作用不易检验。

代谦和别朝霞(2006)认为FDI能否促进发展中国的经济增长，依赖于发展中国家的人力资本积累。庄起善(2008)分析了FDI对转型国家经济增长的短期和长期影响。认为FDI对经济增长的作用存在一定的滞后期。同时FDI能否促进发展中国家的经济增长，取决于东道国的市场化水平、基础设施等因素。郭熙保和罗知(2009)认为FDI的不同特征对经济增长的影响不同。单项外商直接投资规模越大、外资在制造业部门投资的比重越高，越有利于促进经济增长，外资企业出口比重越高越不利于经济增长，同时适宜的内外资技术差距才会促进经济增长。

当然，FDI与经济增长的关系可能是双向的。Shan(2002)研究发现FDI与经济增长呈双向因果关系，但是经济增长对FDI的作用要比FDI对经济增长的作用大。桑秀国(2002)利用2001年的横截面数据，分析了FDI对经济增长的影响，发现FDI显著影响经济增长，但随后的格兰杰检验又发现经济增长是FDI的原因，而不是相反。何菊香和汪寿阳(2011)利用误差修正模型研究发现，中国经济增长可以引起FDI增加，但没有发现反向的作用。

2) FDI对中国区域经济增长的影响

因为不同地区的经济运行环境不同，FDI对经济增长的贡献也不相同。Sun(1996,1998)认为外商直接投资是导致中国改革开放以来东部地区和西部地区经济增长差异和收入不平等的重要因素。钟昌标(2000)以FDI占GDP比值为解释变量，对经济增长进行回归，发现FDI对区域经济增长的贡献从东南沿海向中、西部地区由强变弱。魏后凯(2002)通过实证分析发现，FDI非均衡分布可以解释东西部经济增长差异的90%。王成岐等(2002)通过构建内生增长模型，检验了1990—1998年29个省(自治区、直辖市)的面板数据，发现FDI对经济发达省(自治区、直辖市)经济增长的促进作用大过经济欠发达的省(自治区、直辖市)。徐晓虹(2005)认为FDI促进中国区域经济发展，但是在区域间的非均衡分布又加剧了区域经济的非均衡发展。郭志仪和杨曦(2008)在考虑外商直接投资的内生性问题下，通过联立方程组的方式，分析了FDI资本效应、技术外溢等效应对地区经济增长差异的影响，就FDI资本效应来讲，只对东部地区产生了显著的影响，对中部和西部地区并未产生显著的影响。张鹏(2010)经过实证检验发现FDI显著促进了我国经济增长，但是对东部、中部和西部地区的贡献度由强转弱。沈桂龙和宋方钊(2011)认为FDI对东部与中部地区、东部与西部地区之间的差距扩大产生了显著影响。

有些研究将FDI对经济增长的影响纳入经济增长收敛框架。Chen和Fleisher(1996)使用一个增强索洛增长模型，发现中国省(自治区、直辖市)经济增长在1978—1993年间存在条件收敛。条件收敛取决于投资、就业增长、人力资本投资、外国直接投资和沿海的位置。Dayal-Gulati和Husain(2002)利用中国各省(自治区、直辖市)面板数据(1983—1997)，研究认为FDI促进了经济增长，FDI的流动可以促进收敛的加速。东部沿海及东北地区，由于FDI的流入，加速了收敛速度。沈坤荣和耿强(2001)、王志鹏和李子奈(2004)均通过构建内生增长模型，发现FDI对经济增长具有正向作用，中国省(自治区、直辖市)经济增长存在条件收敛。马立军(2013)在FDI内生增长模型基础上，利用GMM方法实证研究了FDI技术外溢效应对地区收入差距的影响，发现FDI通过技术外溢这一途径对经济增长产生了正向影响，从而扩大了地区间稳态经济增长时的收入差距。

在分析FDI对经济增长影响的基础上，很多研究定量估算了FDI对中国地区收入差距的贡献。武剑(2002)以人均GDP的绝对差距为分析对象，研究认为FDI差距的贡献为19.71%，国内投资差距的贡献为61.96%。X. Zhang和K. H. Zhang(2003)通过方差分解的方法考察1986—1998年间的中国地区收入差距，发现中国地区收入差距的变动中全球化的贡献占19.2%，其中对外贸易贡献11.1%，外商直接投资贡献8.1%。谢申祥等(2011)采用同样方法考察1989—2009年间的中国地区收入差距，与X. Zhang和K. H. Zhang(2003)的结果差异很大，发现中国地区收入差距的变动中全球化的贡献占47.65%，其中对外贸易贡献48.6%，外商直接投资贡献−0.95%。万广华等(2005)采用夏普里值(Shapley value)分解法计算1987—2001年间的全球化对中国地区收入差距影响，发现全球化的贡献在20%左右，其中对外贸易贡献14%左右，外商直接投资贡献6%左右。

2.2　FDI技术外溢效应

所谓技术外溢效应，指因跨国公司子公司的进入或存在，提高了东道国企业生产力或效率，但跨国公司子公司不能获得这些福利的价值(Blomström、Kokko，1998)。我们主要从溢出的机制和溢出效果检验两个方面展开。

2.2.1 FDI技术溢出的机制

Caves(1974)将跨国公司对东道国的外部性影响分为三种:(1) 配置效率。跨国公司可能会显著增加东道国市场的竞争。跨国公司进入的产业进入壁垒较高,存在一定程度的垄断特征,FDI的进入将有利于优化资源配置,改善企业生产效率。(2) 示范效应和竞争效应。FDI的进入将增大产业内产品的供给量,在有限的市场空间内产生原来没有的竞争,进而提高企业技术水平。(3) 技术转让。跨国企业为了保证产品质量,会加快对产业上下游的东道国企业技术转让。

Blomström和Kokko(1998)将FDI产生溢出效应的路径概括为模仿学习、竞争效应和关联效应三种。Javorcik(2004)将溢出效应分为产业间溢出和产业内溢出,并得出FDI产业间的溢出作用要大于产业内的溢出的结论,原因是跨国公司为了保持产业的竞争优势,会采取保护措施防止技术在产业内溢出,但会对上游企业提供技术,保证其在产业内的竞争力。

Görgand Greenaway(2004)将技术溢出的机制总结为四个:(1) 模仿。即通过采用新的生产方法和新的管理方法提高生产效率。(2) 技能培训。跨国公司往往需要技能熟练的工人,需要对东道国工人进行培训,但又无法锁定这些人力资源,员工通过开设公司或到国内公司就职,提高劳动生产率。(3) 竞争。通过竞争减少低效率,尽快采用新技术。(4) 出口。本土企业进行国际贸易面临创建分销网络、运输基础设施、了解消费者偏好以及监管等固定成本,通过与跨国公司的合作,可以稀释这种固定成本。

我国学者张建华和欧阳轶雯(2003)认为FDI通过四种机制对东道国企业产生外溢效应。即:(1) 示范模仿效应。指国内企业通过模仿跨国公司的生产方式、管理理念等,提高生产效率。(2) 竞争效应。指内资企业面对外资企业的竞争,被迫提高自己的技术效率,从而产生外溢效应,因此这一效应往往通过产业内溢出。(3) 联系效应。指外资企业通过与东道国上游供应商和下游厂商交易和合作,产生外溢效应,因此这一效应往往通过产业间溢出。(4) 培训效应。指外资企业对本土员工的技术、管理等方面进行培训,提高本土员工的素质,通过人力资本的流动扩散至国内公司。

2.2.2 FDI溢出的效果检验

FDI溢出效果的实证研究中,被解释变量包括内资企业全要素生产率增长率、经济增长率、劳动生产率。解释变量为 FDI 的参与程度，FDI 的参与程度一般用 FDI 占 GDP 或全社会固定资产投资的比例、外资企业资产份额、就业份额、产值份额和增加值的份额表示(傅元海，2010)。有些学者构建了综合性指标，如外资工业企业的总产值、固定资产和就业人数分别占该省(自治区、直辖市)工业总产值、固定资产和就业人数的比重，计算三者的平均值，再进行标准化处理。

1) 支持 FDI 技术外溢的文献。

Caves(1974)以本地企业劳动生产率为被解释变量，FDI 参与度为解释变量，通过对澳大利亚制造业的研究发现，本土企业的劳动生产率与 FDI 占比呈正相关关系，说明 FDI 存在外溢效应。Globerman(1979)基于 Caves(1974)的方法对加拿大制造业进行了分析，也发现了溢出效应的存在。Blomström(1986)对墨西哥制造业的检验也支持 FDI 溢出效应的存在，但对行业中技术水平较低的企业没有外溢效应，可能的原因是这种溢出效应是通过竞争产生的。

Javorcik(2004)对立陶宛 1996—2000 年公司层面数据的研究发现外资公司与当地供应商在上游关联产业中产生正溢出效应，但没有证据证明存在产业内溢出效应和前向关联产生正溢出效应。Ayyagari 和 Kosová(2006)使用捷克 245 家公司在 1994—2000 年间的面板数据，研究了 FDI 对促进国内企业设立的影响，发现 FDI 的进入挤入了国内投资，说明溢出效应的存在。

沈坤荣和耿强(2001)认为 FDI 在一区域内的比重对人均 GDP 的增长有着非常显著的影响。Zhang 和 Felmingham(2002)利用 Feder(1982)提出的两部门模型，构建了 FDI 外溢的模型，利用 1984—1998 年的中国省(自治区、直辖市)面板数据实证分析，发现 FDI 对于三个地区和全国的经济增长都产生了正向作用。卢荻(2003)从产业层面讨论了引入 FDI 的作用，提出引入 FDI 的产业是以牺牲生产效率为代价来提高资源配置效率的观点。王志鹏和李子奈(2004)构建 FDI 促进经济内生增长的理论模型，发现外商直接投资能够通过技术外溢促进经济的长期增长。李平(2007)选用 1985—2003 年中国国内研发存量及国外研发存量的面板数据，发现就全国来讲，存在着 FDI 正的技术溢出效应，但效应并不显著。FDI 的技术溢出效应在东部地区较为显著，而在中、西部地区较为微弱。

刘巳洋等(2008)认为外资能够帮助周边地区同行业企业提高全要素生产率。钟昌标(2010)通过构建空间动态模型，发现外资产生重要的“地区内”溢出效果，从而促进了所在地区生产率的增长。

元海等(2010)利用我国 1999—2007 年 27 个制造行业面板数据进行检验，发现外资企业生产本地化反映的技术转移对经济增长绩效具有正面作用，外资参与度反映的溢出效应能提高经济增长绩效，但小于技术转移产生的作用。沈坤荣和傅元海(2010)从FDI对中国经济增长质量角度出发，实证研究发现，外资企业的技术转移与扩散对内资经济增长质量具有正面作用，外资企业的溢出效应(主要是竞争效应)对内资经济增长质量主要起负面作用。

2) 不支持FDI溢出的文献

Aitken和Harrison(1999)认为溢出效应的方向是不确定的，FDI的进入可以通过正向的外溢效应降低国内企业平均成本，但是"市场攫取"效应会挤出东道国企业，降低最优生产规模，提高生产成本，降低生产效率。并以委内瑞拉制造业为研究对象，实证检验发现合资企业存在外溢效应，但没有发现对东道国企业的劳动生产率的正面影响。Buckley等(2007)发现外资的所有权归属显著影响着溢出效应，港澳台企业对内地企业的外溢影响是非线性的。

我国学者陈继勇和盛杨怿(2008)认为外商在华直接投资的知识溢出效应特别是通过跨国公司在当地从事生产活动带来的知识溢出效应并不明显。蒋殿春等(2008)通过构建综合指标进行实证研究，认为FDI的进入并未提升东道国企业的生产效率。黄菁等(2008)认为缺乏经验证据支持FDI的正向技术外溢效应，但发现人力资本有利于促进FDI技术外溢效应作用的发挥。吴建新(2011)利用1985—2005年我国28个省(自治区、直辖市)的面板数据，检验了FDI对我国的技术溢出，未发现显著的促进作用。

3) FDI溢出效果的影响因素

大量文献证明，FDI溢出效果取决于吸收能力、内外资技术差距等因素，或者说FDI的外溢效应存在"门槛"和呈非线性特征。

Blomström等(1992)在研究FDI对发展中国家经济增长时发现，FDI对收入较高的发展中国家的作用明显，但对低收入的发展中国家作用不大，发展中国家想要获得FDI的好处，需要提高教育水平和劳动力参与率，因为吸收跨国公司的先进技术存在发展门槛。Borensztein等(1998)通过研究69个发展中国家的20年间的数据，发现FDI是技术转移的重要渠道，对经济增长的贡献比国内投资大，但外溢效应要求东道国拥有一定数量的人力资本存量，即存在人力资本存量的"阈值"。在控制变量最多的回归方程里，有22个国家的人力资本在门槛值之上，即只有在这22个国家，FDI发挥了技术外溢的效果。Fredrik和Sjöholm(1999)认为FDI能否对东道国企业产生技术外溢，取决于内外资的技术差距和东道国企业的吸收能力，比如经验、教育水平和技术知识等。Alfaro 等(2004)认为 FDI 是否有利于经济增长取决于东道国的金融投资等条件。

何洁(2000)分析了本地内部因素对 FDI 在我国工业部门外溢效应的影响，发现 FDI 外溢效应的发挥受当地经济发展水平的门槛效应制约。王成岐(2002)通过构建内生增长模型，检验了 1990—1998 年 29 个省(自治区、直辖市)面板数据，发现 FDI 对经济发达省(自治区、直辖市)经济增长的促进作用大过经济欠发达的省(自治区、直辖市)，说明 FDI 的外溢效应需要一定的基础条件。陈涛涛(2003)利用中国制造业行业的数据，发现 FDI 的技术外溢效应与内外资企业能力差距呈反比关系。

王志鹏等(2004)以 FDI 占全社会固定投资占比作为 FDI 参与份额，实证检验发现 FDI 外溢效应存在人力资本门槛。赖明勇等(2005)通过构建 FDI 内生增长模型，认为吸收能力是影响技术外溢的关键变量，实证检验也支持这一推论。路江涌(2008)通过实证检验发现外商投资对内资企业的正向溢出效应随内资企业技术吸收能力和吸引外资企业员工的可能性提高而增强。赵奇伟(2009)认为中国改革时期行政性分权所引致的地方市场分割对 FDI 溢出效应存在显著影响。张瑜和王岳龙(2010)的结果表明，FDI 只有与地区的吸收能力结合才能发挥作用。孙江永和冼国明(2011)通过实证检验发现，FDI 主要通过水平关联和后向关联对纺织业内资企业产生溢出效应，而且这种溢出效应存在技术差距门槛。王华等(2012)从理论和实证两个方面证明了外资企业技术外溢存在内外资企业技术差距的门槛值。陈羽等(2012)利用中国制造业数据，研究发现外资相对国内企业越先进，行业内的国内企业获得水平的技术溢出效应越大。

2.3　FDI 资本挤入效应

FDI 与一个东道国国内资本形成之间存在一定的关联，即存在所谓的挤入效应和挤出效应①。如果一个地区总投资增加额大于 FDI 投资增加额，就产生了挤入效应；如果一个地区总投资增加额小于 FDI 投资增加额，就产生了挤出效应；如果一个地区总投资增加额等于 FDI 投资增加额，就产生了中性效应。

FDI 的挤入效应来自于外资的“溢出效应”，FDI 的挤出效应来自于外资的“市场攫取效应”(Caves, 1971; Aiken, 1999;程培罡，2009)。其中“溢出效应”包括“垂直效应”和“水平效应”。“垂直效应”指通过上下游产业间的关联影响国内投

① 由于挤出效应可以理解为负挤入效应，因此本书在概念表示上只使用挤入效应。

资，与上游企业的关联主要体现在中间产品的购买上，与下游企业的关联主要体现在产品供给上。通过产业间的关联，提高国内企业的投资。"水平效应"指通过影响国内企业的生产效率影响国内投资。具体指产业内部"模仿""人员流动""市场竞争"提高国内企业生产效率，降低东道国企业生产成本，东道国企业将节省的下来的资金用于购买资本品，进而提高了国内投资额。

目前国内外关于FDI挤入效应的研究主要集中在实证研究，如Borensztein、Gregorio和Lee(1998)建立了一个FDI技术外溢的内生增长模型，为了进一步探讨FDI与东道国经济增长的关系，该文在上面的模型基础上，将被解释变量换成总投资占GDP的比率，检验FDI对国内投资的影响，发现除了包含制度变量之外的回归方程，FDI均对国内投资产生了挤入作用，但由于其显著性水平不高，故资本挤入的作用没有技术外溢对经济增长的作用大。Bosworth(1999)使用58个发展中国家在1979—1995年间的数据，将总投资占GDP的比重作为被解释变量，解释变量包括FDI占GDP比重、证券投资占GDP比重等，以此分析资本流入对国内投资的影响，发现FDI对国内投资的作用呈中性。Agosin和Mayer(2000)通过假设FDI是外生变量，是FDI的当期、滞后一期和滞后二期的函数，同时当期国内投资受预期经济增长率(将滞后期的经济增长率作为预期经济增长率)、过去国内投资影响，构建了一个自回归分布滞后模型(ADL模型)，从而推出了一个长期反应系数，对1970—1996年间的39个国家的数据进行实证检验，发现FDI对亚洲国家呈中性或挤入效应，而对非洲国家国内投资呈挤出效应。

很多国内研究者以Agosin和Mayer(2000)的模型为基础，研究FDI对中国国内投资的长期影响。杨柳勇等(2002)认为FDI对中国国内投资产生了显著的挤出效应。陆建军(2003)检验发现，东部沿海省(自治区、直辖市)挤出效应和中性效应则占一定的主导地位，影响强度呈现出由东向西渐次减弱的状态。王志鹏等(2004)对全国、东部地区、中部地区和西部地区进行了检验，发现在全国范围内挤入效应不显著，在东部地区产生了显著的挤出效应，在中部地区产生了显著的挤入效应，在西部地区产生了不显著的挤出效应。冼国明等(2009)以纺织业为样本，发现FDI对东部地区的纺织业有挤入效应，对中部地区的挤入效应不显著，对西部地区产生了显著的挤出效应。陈家涛(2009)认为FDI对中部地区的投资具有显著的挤入效应，对东部和西部地区具有不显著的挤出效应。方友林和冼国明(2009)认为FDI对中国东部地区和中部地区的国内投资不存在显著的挤入效应，但对西部地区的国内投资存在显著的挤出效应。李艳丽(2010)以资金来源结构为视角，研究发现 FDI 对整体国内投资产生了挤出效应，对东、中、西部地区分别产生了微弱的挤出效应、显著的挤入效应及严重的挤出效应。彭红枫和鲁维洁（2011）将 Agosin 和 Mayer（2000）的模型扩展为一个动态的模型进行实证检验，发现 FDI 只对中部地区产生了挤入效应，对东部和西部地区均产生了不同程度的挤出效应。张莉（2012）同样利用 Agosin 和 Mayer（2000）的长期影响系数计算方法，以中国、俄罗斯、巴西、印度为样本，发现 FDI 非常显著地挤出了国内投资。

还有学者使用 VAR 模型、联立方程组等方法进行了研究。张天顶（2004）研究发现 FDI 流入增加 1%则会带来国内资本 0.204%的增加。罗长远（2007）建立包含 FDI 与金融发展交互项的回归模型，发现 FDI 显著挤入了国内资本，而后将国内资本细分为国有资本和私人资本进行回归，发现 FDI 显著挤入了国有资本，但对私人资本没有明显作用。王永齐（2005）利用 VAR 模型进行实证检验，发现 FDI 挤入了国内投资。冼国明等（2008）以 2003—2006 年中国八大行业的面板数据为样本，发现 FDI 的挤入效果和进入壁垒高低密切相关。郭志仪等（2008）通过联立方程组的方式检验了 FDI 对国内投资的影响，发现 FDI 在东部和中部地区产生了显著的挤入效应，在西部地区产生了不显著的挤出效应。高敏雪等（2009）以外商在外资企业中的所有者权益为基础研究 FDI 的挤入效应，发现 FDI 挤入了国内投资。许冰（2010）利用路径收敛设计方法研究 FDI 影响地区经济发展差异时检验了东、中、西部三个地区的内资挤入情况，发现 FDI 显著挤入了东部投资，而挤出了中部和西部投资。

2.4　FDI 产业集聚效应

很多研究表明中国产业地区集聚对地区收入差距的影响非常明显，有学者认为整个大陆地区的制造业已经向大东部地区（包括东部沿海各省与直辖市）开始聚集，造成了改革以来东西部地区差距持续扩大（袁志刚，2003）。地区收入差距按产业贡献来讲，主要推动力是第二产业高份额为主的结构效应和产业集聚为主的集中效应（范剑勇，2004），第二产业不平衡分布对地区收入差距的贡献达到 70%（范剑勇，2008）。陈建军和胡晨光（2008）发现产业集聚对江浙沪地区的经济增长产生了显著影响。

因此只要证明 FDI 非均衡分布对中国工业集聚产生了显著影响，则说明 FDI 通过产业集聚机制①影响了中国地区收入差距。Ge（2006）的研究表明，中国的区

① 集聚效应又称第二（second nature）优势，用来解释地区之间生产结构差异和产业集聚的动因（何雄浪等，2007）。因此 FDI 集聚效应可以理解为 FDI 在某区域集聚对该区域产业集聚的影响。

域不平等加剧一直伴随着区域专业化和产业集聚程度的提高，而且对外贸易和外国投资与中国产业集聚密切相关。产业分布更容易集聚在接近国际市场的东部沿海地区。冼国明等(2006)以省(自治区、直辖市)制造业某行业产值占全国该行业总产值比重为被解释变量，以该行业FDI资本份额为解释变量，研究了制造业各行业的外商资本地区集聚对中国制造业地区集聚的影响，发现这一力量正变得越来越强大，并总是高度显著。赵伟和张萃(2007)分三个层面实证考察了中国制造业空间集聚中的FDI因素：一般层面之FDI渗透与制造业集聚之间的关联性、行业层面之集聚诸因素中的FDI因素和集聚程度有别层面之FDI集聚效应差异，研究发现在所有这三个层面，FDI的行业空间集聚效应均明显可见。吴丹丹和谢建国(2007)以江苏制造业为例进行了实证检验，发现江苏省制造业集聚的路径依赖具有非累积特征，FDI的流入阻止了产业外移的可能。马静和赵果庆(2009)对我国不同地区的28个制造业1994年的860组和2004年的800组样本进行了计算和检验。发现地区制造业和FDI集聚强度在提高，2004年制造业集聚度与FDI集聚度的相关性已具有显著性，制造业对FDI需求弹性在增大，制造业对FDI的依赖性在增强。

2.5 市场化与地区收入差距

目前衡量市场化与地区收入差距的文章主要采用经济增长框架，如蔡昉、都阳(2000)研究表明我国在改革开放以来的地区经济增长中，不存在收敛现象，却形成了东、中、西部地区俱乐部收敛，在考虑人力资本禀赋等变量后，认为地区经济增长存在条件收敛。沈坤荣、马俊(2002)将人力资本、贸易依存度、工业化进程差异等因素代入收敛方程，认为中国地区间的经济增长存在着显著的“俱乐部收敛”与条件收敛(conditional convergence)的特征。陆云航(2005)选取优惠政策、对外开放程度、所有制结构、政府财政赤字水平等指标，认为我国地区差距的扩大与各地市场化进程的快慢密切相关，即国有经济比重、城乡差距和财政赤字水平对地区经济增长产生负面影响，对外开放度和优惠政策对经济增长产生明显的正向推动作用。李双菊(2006)通过选取6个市场化变量，利用经济增长模型，得出了各地区体制转型的早晚和市场化程度的高低决定了各地区要素生产率的巨大差异的结论。孙海刚(2007)通过引入政策优惠变量和市场化变量，认为政策变量对经济增长的作用逐渐减弱，而市场化变量对经济增长的作用远远大于政策优惠的作用。

2.6 出口贸易与全要素生产率

Levin 和 Raut (1999)以 Feder(1982)模型为基础,通过建立内生增长模型,将出口贸易依存度、出口额和人力资本引入模型,认为如果出口部门的生产效率高于非出口部门,能够吸引资源向出口部门流动,起到优化资源配置、提高技术水平的作用,同时出口部门先进管理、先进技术等通过正外部性传导到非出口企业,将提高非出口企业的技术水平。Raberto Alvarez and Ricardo Lopez(2006)认为出口通过技术外溢与前后产业来提高相关产业技术进步水平。Rodrik (1999) 和 Panagariya(2000)认为出口的技术外溢效应不显著。Claire Economidou and Antu Panini Murshid(2007)通过分析 12 个经合组织国家 1978—1997 年期间的贸易量与全要素生产率(TFP)增长的关系,认为总体而言贸易对生产率增长有一个积极的影响,但是这种效应是相当小的。另外进口对生产率的提高比出口更强,原因可能是进口行业在获得高质量的国外产品的同时,可以低成本地模仿国外先进技术,在国内产业面临压力的情况下,采用新技术和提高效率。包群等(2003)认为出口额占 GDP 比重对全要素生产率的作用为负,意味着出口部门并没有使用比非出口部门更先进的技术,对长期经济增长不利。另外无论是制成品出口部门还是初级品出口部门,均没有通过自身相对要素生产率的提高,从而对经济增长产生正向促进作用。之所以出口对技术进步的促进作用的检验结果不同,可能存在其他控制变量的间接影响。许和连等(2006)借鉴 Miler 等(2000) 和 Söderbom 与 Teal (2003) 的思想,认为贸易开放度主要通过影响人力资本水平影响全要素生产率。关兵(2009)利用 Levin 和 Raut (1999) 提出的模型,对出口额、出口依存度、人力资本是否影响地区全要素生产率进行检验。发现出口额未能影响全要素生产率,出口依存度影响全要素生产率,人力资本对全要素生产率的影响也比较明显。王庆石等(2009)利用 Feder 的两部门模型,将出口的外部经济效应和要素生产率差别效应作为技术外溢效应,认为我国只有东部地区的出口产生了正的技术外溢效应。

综合以上文献可以看出:FDI 影响经济增长和地区收入差距的研究已经取得了一些有价值的成果,并在有些方面达成了共识,但在以下几个方面存在不足:

(1) FDI 对地区收入差距的贡献测量没有考虑 FDI 的外部性。很多研究较好地定量测度了 FDI 非均衡分布对地区收入差距的贡献,但测量的大多是 FDI 作为资本这一属性的贡献,没有考虑 FDI 外部性对收入差距的贡献。

(2) FDI技术外溢效应可以促进经济内生增长,很多文章利用内生增长理论框架探讨了FDI技术外溢对地区收入差距的影响,但理论模型构建方面存在尚可改进的地方。

(3) FDI挤入效应的研究主要集中在是挤入还是挤出的定量研究上,缺乏深入的挤入机制研究,进而无法深入地解释地区间挤入程度的差异。

(4) FDI与产业集聚的关系研究,大多集中在"中观"层面研究,即使用制造业中不同行业数据进行研究,没有从宏观的视角进行研究。

第三章　FDI 与中国地区收入差距:特征和趋势

3.1　FDI 分布的基本特征

3.1.1　FDI 在地理维度上呈非均衡分布

20 世纪 80 年代末期以来,FDI 大量流入我国,东部地区的地理位置和政策优势导致绝大部分 FDI 流入了东部省(自治区、直辖市)。在 1987—2012 年的年均 FDI 流入额中,排在前十位的省(自治区、直辖市)中有九个是东部省(自治区、直辖市),前八位的省(自治区、直辖市)均为东部省(自治区、直辖市),其中广东和江苏所占份额均超过了 15%。排在倒数五位的贵州、四川、甘肃、宁夏和新疆均为西部省(自治区),年均流入额均未过 8 亿元,同时这五个省(区)的所占份额均未超过 0.5%。东部在整个考察期内,年均流入额为 1 603.62 亿元,占到了全国年均流入份额的 79%,具体数据见表 3.1。

表 3.1　1987—2012 年年均 FDI 流入额(单位:亿元人民币)

地区	流入额	地区	流入额	地区	流入额
北京	61.28(3%)	海南	22.28(1.1%)	广西	14.11(1.3%)
天津	96.65(4.7%)	山西	9.18(0.4%)	云南	69.16(3.4%)
河北	42.45(2.1%)	吉林	36.94(1.8%)	四川	4.48(0.2%)
辽宁	161.46(7.9%)	黑龙江	34.19(1.7%)	贵州	7.85(0.4%)
上海	151.17(7.4%)	安徽	39.63(1.9%)	陕西	16.01(0.8%)
江苏	317.55(15.6%)	江西	36.69(1.8%)	甘肃	2.09(0.1%)

续表 3.1

地区	流入额	地区	流入额	地区	流入额
浙江	120.07(5.9%)	河南	43.86(2.1%)	宁夏	2.01(0.1%)
福建	134.25(6.6%)	湖北	52.66(2.6%)	新疆	1.68(0.1%)
山东	144.68(7.1%)	湖南	39.47(1.9%)	东部	1 603.62(79%)
广东	351.76(17.2%)	内蒙古	27.07(1.3%)	全国	2040.70

资料来源:《新中国统计 60 年资料汇编》和相关年份各省(自治区、直辖市)统计年鉴。

3.1.2 FDI 在时间维度上呈倒 U 型变动

总体上,FDI 大部分流入了东部省(自治区、直辖市),但是从变动趋势上看,东部地区 FDI 的比例近些年有不断下降趋势。我们将 1987—2012 年分成了五个阶段进行考察,即 1987—1991 年、1992—1996 年、1997—2001 年、2002—2006 年、2007—2012 年。我们以东部省(自治区、直辖市)占比大小表示非均衡分布情况,在第一阶段,东部省(自治区、直辖市)FDI 占比为 81.1%,第二阶段为 82.7%,第三阶段为 83.9%,在前三个阶段里呈不断上升趋势,到了第四阶段,占比下降为 83.6%,第五阶段进一步下降为 72.7%。可以看出,东部 FDI 占比在考察期内呈现出了明显的倒 U 型变动趋势,具体数据见表 3.2。

表 3.2　东中西部地区外商直接投资、实际地区生产总值占全国比例

时间段	外商直接投资占全国比例(%)			实际地区生产总值占全国比例(%)		
	东部	中部	西部	东部	中部	西部
1987—1991	81.1	12.3	6.6	48.9	31.5	19.6
1992—1996	82.7	11.0	6.3	52.9	29.1	18.0
1997—2001	83.9	10.9	5.2	54.9	28.3	16.8
2002—2006	83.6	12.0	4.4	56.8	26.8	16.4
2007—2012	72.7	17.8	9.5	56.1	26.5	17.4

资料来源:《新中国统计 60 年资料汇编》和相关年份各省(自治区、直辖市)统计年鉴。

FDI 对中国经济的贡献包括增加资本形成、转移技术和管理知识、创造就业与促进出口,还为中国经济的发展带来额外的收益,比如刺激国内市场的发展,有助于国有企业改革,促进中国建立市场经济系统(X. Zhang 和 K. H. Zhang,2003)。然而,FDI 在中国地区间的分布极其不均衡,进而会造成地区收入差距的扩大。由于进入 20 世纪 90 年代,主导中国地区收入差距扩大的主要推动力是东中西部地区间的差距,因此我们在表3.2中加入了东中西部实际地区生产总值占全国比例的数据进行对比。

对于东部地区而言,FDI占比在前三个阶段均占80%以上,而且占比不断上升,第四阶段、第五阶段呈现下降趋势,与之相对,实际地区生产总值占比基本与FDI占比趋势一致(除了第四阶段不同)。对于中部地区而言,FDI占比在前三个阶段呈不断下降趋势,在第五阶段大幅度上升,与之相对,实际地区生产总值占比的变动趋势在前三个阶段与FDI占比变动一致,但是第四和第五阶段表现相反。对于西部地区而言,FDI占比在前四个阶段呈不断下降趋势,在第五阶段上升,与之相对,实际地区生产总值占比与FDI占比变动趋势完全一致。

3.1.3 FDI产业间分布不均衡

FDI不仅存在着地区间的不均衡分布,也存在着产业间的不均衡分布,表3.3是1991—2012年间FDI流入第一产业、第二产业和第三产业的数据,根据中国统计年鉴的划分,第一产业为农、林、牧、渔业,第二产业为采矿业等行业,第三产业为交通运输等行业。FDI流入第二产业的比重在绝大多数年份里均在50%以上(除了1993年、2011年和2012年),在2006年之前的绝大多数年份里流入第二产业的份额均在60%以上。由于第二产业不均衡分布对地区收入差距的影响巨大,贡献程度达到70%(范剑勇,2008),因此这种流入特点不仅对产业本身的发展产生影响,还会对地区经济增长及地区收入差距产生影响。

表3.3 FDI在三大产业间的分布(1991—2012年)

年份	第一产业%	第二产业%	第三产业%	总额(亿美元)
1991	2.11	82.02	15.87	43.66
1992	1.26	59.66	39.08	110.08
1993	1.07	49.40	49.53	275.15
1994	1.18	55.99	42.83	337.67
1995	1.90	69.64	28.64	375.21
1996	1.55	71.63	26.82	417.26
1997	1.39	72.00	26.61	452.57
1998	1.37	68.92	29.73	454.63
1999	1.76	68.91	29.33	403.19
2000	1.66	72.65	25.69	407.15

续表 3.3

年份	第一产业%	第二产业%	第三产业%	总额(亿美元)
2001	1.92	74.23	23.85	468.78
2002	1.95	74.83	23.23	527.43
2003	1.87	74.22	23.91	535.05
2004	1.84	74.98	23.18	606.30
2005	0.99	61.72	37.29	603.25
2006	0.86	61.19	37.95	630.21
2007	1.11	51.32	47.57	747.68
2008	1.29	57.64	41.07	923.95
2009	1.52	53.24	45.25	900.33
2010	1.81	50.93	47.25	1 057.35
2011	1.73	48.05	50.21	1 160.11
2012	1.85	46.95	51.19	1 117.16

资料来源:相关年份中国统计年鉴。

表 3.4 是 2002—2012 年间,东部、中部、西部地区 FDI 行业分布情况。在东部和中部,FDI 流入行业最多的是制造业,制造业流入比重均超过了 50%,这与全国 FDI 产业分布特点一致(制造业在第二产业份额最大)。西部地区 FDI 流入行业特点与东中部相反,流入最多的行业是房地产业,占所有行业比重为 40.5%,按照统计归类,房地产业属于服务业,因此西部地区 FDI 流入行业第三产业的比重高于第二产业比重,而其 FDI 流入制造业的比重为 31.5%,远低于东部和中部 FDI 流入比例。由于制造业的集聚对中国地区收入差距作用显著,这造成了改革开放以来东西部地区差距持续扩大(袁志刚,2003),而产业特点也将影响到 FDI 资本挤入效应,因此 FDI 在东中西部的各行业的分布特点也会影响到地区经济增长和收入差距。

表 3.4 2002—2012 年东部、中部、西部地区 FDI 行业分布(单位:万美元)

行业	东部		中部		西部	
	金额	比重	金额	比重	金额	比重
制造业	4 322.09	57.1%	390.75	57.0%	170.86	31.5%
房地产业	1 241.84	16.4%	116.95	17.1%	219.85	40.5%
租赁和商务服务业	477.62	6.3%	23.80	3.5%	25.79	4.8%
批发和零售业	389.98	5.2%	16.46	2.4%	18.79	3.5%

续表 3.4

行业	东部		中部		西部	
	金额	比重	金额	比重	金额	比重
交通运输业	207.14	2.7%	9.34	1.4%	13.13	2.4%
计算机服务和软件业	168.05	2.2%	3.65	0.5%	8.80	1.6%
电力燃气及水的生产和供应业	109.04	1.4%	36.63	5.3%	21.59	4.0%

资料来源:原始数据来自于《中国外商投资报告 2013》,表中行业为占比前七位。

3.1.4 地区间FDI企业出口贡献存在明显差异

出口、投资、消费被称为拉动经济增长的“三驾马车”,出口往往与FDI流入高度相关,然而地区之间的FDI企业出口贡献存在明显差异,表3.5是中国各省(自治区、直辖市)外商直接投资企业出口占地区生产总值的比重表。

表 3.5 地区生产总值对外商直接投资企业出口依存度

地区	2000年	2012年	地区	2000年	2012年	地区	2000年	2012年
北京	0.075	0.075	海南	0.048	0.036	广西	0.014	0.017
天津	0.310	0.161	山西	0.007	0.012	云南	0.005	0.002
河北	0.017	0.022	吉林	0.017	0.008	四川	0.003	0.001
辽宁	0.111	0.060	黑龙江	0.007	0.003	贵州	0.003	0.002
上海	0.247	0.434	安徽	0.011	0.017	陕西	0.005	0.013
江苏	0.140	0.239	江西	0.007	0.031	甘肃	0.003	0.001
浙江	0.072	0.115	河南	0.005	0.040	宁夏	0.012	0.006
福建	0.167	0.125	湖北	0.010	0.022	新疆	0.006	0.001
山东	0.079	0.076	湖南	0.004	0.008	东部	0.167	0.120
广东	0.382	0.377	内蒙古	0.007	0.003	全国	0.101	0.112

资料来源:《中国统计年鉴 2001》和《中国统计年鉴 2013》。

2000年,全国GDP对外商直接投资企业出口依存度为10.1%,广东、天津、上海、福建、江苏、辽宁超过了全国平均值,均为东部省市。低于0.5%的省份有7个,其中5个为西部省份,分别为甘肃、贵州、云南、四川和陕西,另两个中部省份为湖南和河南。从三大地区来看,东部、中部和西部地区的依存度分别为16.71%、0.79%和0.61%,东部地区生产总值对外商直接投资企业出口依存度远远高于中西部地区。

2012年，全国GDP对外商直接投资企业出口依存度为11.2%，上海、广东、江苏、天津、福建和浙江超过了全国平均值，均为东部省市，浙江替代了辽宁。低于0.5%的省(自治区)有7个，四川、贵州、甘肃、新疆、云南、黑龙江和内蒙古，除了黑龙江外，均为西部省(自治区)。从三大地区来看，东部、中部和西部地区的依存度分别为12%、1.98%和2.43%，中西部地区的依存度虽然有所上升，但仍没有改变原有的分布格局。

3.2 地区收入差距的衡量指标简述

3.2.1 绝对指标简述

可以将衡量地区收入差距的指标分为绝对指标和相对指标。绝对指标中主要包括极差(收入差)、平均差、方差、标准差等，相对指标包括基尼系数、泰尔指数、变异系数和对数方差等。

极差和平均差这两种方法过于简单，不能全面地反映地区收入差距的变动情况，比如极差增大，只能说明收入最高的与收入最低的差距在扩大，但无法反映中间层次收入差距的变动。

作为绝对指标的方差或标准差①比极差稍好，它能全面地反映样本间的收入分布状况和离散情况，但与其他绝对指标一样，计算结果受量纲影响，不能纵向比较和横向比较，比如经济增长具有时间趋势，人均地区生产总值增长也存在时间趋势，离散情况往往随着时间的推移而增大，因为当样本中的每个值都在扩大时，标准差也会扩大，而这种扩大并不能说明地区收入差距的具体情况。比如所有地区的人均地区生产总值都增长10倍，那么标准差也将扩大10倍，但没有改变地区间收入的相对位置，从相对意义上说地区收入差距并未缩小。因此描述收入差距时往往使用相对指标，该指标可以进行横向比较和纵向比较。目前广泛采用的相对指标主要有：基尼系数、泰尔指数和变异系数等。

3.2.2 相对指标简述

好的相对指标一般要满足以下几个性质：

① 方差 $=\sum(x_i-\overline{x})^2\cdot\frac{1}{N}$，标准差 $=\sqrt{\sum(x_i-\overline{x})^2\cdot\frac{1}{N}}$

(1) 匿名性或无名性(anonymity)。即衡量的结果仅与观察数值有关(万广华,2008)。

(2) 零次齐次性(homogeneity)。该性质要求,计算的结果不因度量单位的改变而改变。比如我们考虑地区间人均地区生产总值的收入差距,无论使用人民币度量还是使用美元度量,计算的结果都是相同的。或者说当我们对每个地区的人均地区生产总值同时乘以某一数值,计算的结果不变,但是我们对每个地区的人均地区生产总值同时增加某个数值,计算的结果将上升。

(3) 复制不变性。该性质要求扩大或减少样本容量,只要不改变样本的分配性质,计算的结果不变。

(4) 庇古-道尔顿转移性原则。该性质要求在不改变收入均值条件下,高收入样本将收入转移给低收入样本,收入差距或降低或保持不变。对于地区收入差距而言,当富裕省(自治区、直辖市)的收入通过某种方式对落后省(自治区、直辖市)进行转移支付后,如果地区间的平均收入没有改变,计算的地区收入差距与没有转移支付前的相同。

(5) 零标准化。该性质要求当且仅当每人的收入相同时,收入差距为零。对于地区收入差距来说,当所有省(自治区、直辖市)的人均收入相同,地区收入差距为零。

符合以上5条原则的相对指标包括基尼系数、泰尔指数、变异系数等。

(1) 基尼系数。其计算公式为:

$$G=\frac{1}{2n^2\mu}\sum_{j=1}^{n}\sum_{i=1}^{n}\mid x_j-x_i\mid \tag{3.1}$$

其中,$|x_j-x_i|$表示任意一对样本的收入差距的绝对值,μ为样本均值,n为样本数。基尼系数在分析收入差距时被广泛采用,原因是基尼系数的结果在0和1之间,其他相对指标的值因样本数值不同,区间分布会不同。最关键的是该指标具有自身的含义,比如说基尼系数达到国际警戒线0.4时,表示社会上20%的最富有的群体,占有全社会60%的财富。

(2) GE广义熵指数。其计算公式为:

$$GE=\frac{1}{\alpha(1-\alpha)}\sum_{j=1}^{n}f_j\left[1-\left(\frac{z_j}{\mu}\right)^{\alpha}\right] \tag{3.2}$$

其中,α代表厌恶不平等的程度,该值越大代表厌恶程度越低,反之越高,f_j为人口比重$\left(\text{当不考虑人口比重或权重时,}f_j\text{有时用样本容量的倒数}\frac{1}{n}\text{表示}\right)$,$z_j$为样本观察值,$\mu$为样本均值。

当 $\alpha=1$ 时,GE 的分子和分母均为零,需要通过极限的方式确定其数值,通过罗比达法则,我们得到泰尔第一指数:

$$T=\lim_{\alpha\to 1}GE=\lim_{\alpha\to 1}\frac{1}{1-2\alpha}\sum_{j=1}^{n}f_j\left(\frac{z_j}{\mu}\right)^{\alpha}\ln\left(\frac{z_j}{\mu}\right)=\sum_{j=1}^{n}f_j\left(\frac{z_j}{\mu}\right)^{\alpha}\ln\left(\frac{z_j}{\mu}\right)$$

当 $\alpha=0$ 时,我们可以通过求 GE 在 α 趋近于 0 时的极限,得到泰尔第二指数:

$$T=\lim_{\alpha\to 0}GE=\lim_{\alpha\to 0}\frac{-1}{1-2\alpha}\sum_{j=1}^{n}f_j\left(\frac{z_j}{\mu}\right)^{\alpha}\ln\left(\frac{z_j}{\mu}\right)=\sum_{j=1}^{n}f_j\ln\left(\frac{\mu}{z_j}\right)$$

(3) 一般变异系数与加权变异系数。一般变异系数的公式为:

$$CV=\frac{1}{\bar{x}}\sqrt{\sum_{i=1}^{n}(x_i-\bar{x})^2\frac{1}{n}} \tag{3.3}$$

x_i 表示地区 i 的人均实际 GDP,$\bar{x}$ 表示所有地区的人均 GDP 的平均值,n 表示地区数量。显然,变异系数等于样本标准差与样本均值的比值。当所有地区的收入相等时,变异系数等于 0,当所有收入尽归于一个地区时,变异系数值最大,达到 $\sqrt{n-1}$,所以变异系数的取值为 $[0,\sqrt{n-1}]$。

但式(3.3)中的 x_i 是一个相对值,不包含人口规模的影响。如果某个地区人口数量少,但人均 GDP 大,会高估地区间的收入差距;如果某个地区人口数量大,但人均 GDP 小,会低估地区间的收入差距。为了避免这种情况发生,美国经济学家 J. G. Williamson (1965)提出了加权变异系数,用来衡量地区间的不平等,具体算式为:

$$V_w=\frac{1}{\bar{x}}\sqrt{\sum_{i=1}^{n}(x_i-\bar{x})^2\frac{p_i}{p}} \tag{3.4}$$

其中,V_w 为加权变异系数,x_i 为第 i 地区的人均收入,$\bar{x}$ 为各地区的人均收入均值。n 为地区的数量,p_i 为第 i 地区的人口数,p 为各地区人口总量,并有 $p=\sum_{i=1}^{n}p_i$,定义 $\frac{p_i}{p}$ 为加权系数。V_w 越大,地区间不平等性越大;反之,V_w 越小,地区间不平等性越小。

3.3 地区收入差距的变动:加权变异系数描述

根据本书的界定,我们以人均地区生产总值衡量收入。由于人均地区生产总值衡量的地区差距与劳均地区生产总值衡量的地区差距存在较强的相关性,我们分别用人均地区生产总值和劳均地区生产总值对地区收入差距进行衡量(为了比较，我们将 FDI 地区差距一并分析），具体结果见表 3.6。

表 3.6　中国地区收入差距和 FDI 差距：1987—2012 年（加权变异系数）

年份	人均地区生产总值差距	劳均地区生产总值差距	人均 FDI 差距	劳均 FDI 差距
1987	0.561 1	0.505 0	2.135 2	2.155 8
1988	0.560 9	0.512 1	1.720 5	1.739 2
1989	0.553 9	0.513 0	1.843 0	1.850 4
1990	0.548 4	0.511 5	2.370 9	2.341 0
1991	0.548 5	0.513 1	2.277 4	2.259 8
1992	0.556 1	0.517 8	1.833 4	1.851 7
1993	0.562 1	0.530 3	1.721 7	1.735 1
1994	0.572 4	0.540 4	1.662 1	1.677 7
1995	0.576 3	0.552 2	1.654 5	1.658 3
1996	0.580 7	0.546 2	1.656 9	1.663 7
1997	0.584 4	0.556 3	1.555 3	1.567 4
1998	0.590 2	0.564 4	1.657 6	1.681 5
1999	0.599 4	0.578 4	1.767 2	1.785 8
2000	0.585 0	0.582 6	1.813 3	1.764 8
2001	0.585 9	0.595 2	1.748 1	1.711 4
2002	0.587 4	0.592 9	1.694 2	1.700 0
2003	0.588 4	0.591 3	1.867 0	1.905 1
2004	0.587 8	0.572 6	1.458 5	1.490 8
2005	0.587 5	0.580 2	1.428 8	1.456 4
2006	0.581 2	0.574 0	1.437 8	1.467 0
2007	0.573 8	0.571 0	1.411 8	1.436 3
2008	0.548 3	0.557 2	1.339 3	1.341 0
2009	0.531 8	0.545 6	1.269 5	1.262 5
2010	0.518 6	0.535 9	1.239 0	1.233 5
2011	0.518 3	0.535 7	1.231 9	1.229 6
2012	0.483 5	0.513 2	1.223 8	1.225 7

资料来源：《新中国 60 年统计资料汇编》以及 2013 年各省（自治区、直辖市）统计年鉴。

以人均地区生产总值衡量的地区收入差距表现为：1987—1990 年不断下降，1991—1999 年总体呈上升趋势，经过 1999—2000 年的短暂下降后，2000—2003 年不断上升，之后收入差距不断下降。

以劳均 GDP 衡量的收入差距具体表现为：1987—2001 年总体上呈不断上升趋势，2002 年开始，呈不断下降趋势。与人均 GDP 变异系数相比，劳均 GDP 变异系数显得更为平缓。

人均 FDI 差距和劳均 FDI 差距的变动趋势相似，总的来说，在经历 1988—1990 年的短暂上升之后，1990—1997 年不断下降，1998—2003 年呈不断上升趋势(2001、2002 年波动)，自 2003 开始，这种差距不断缩小，外商投资在地区间的非均衡分布的变动与地区收入差距的变动趋势相似。

3.4 地区收入差距的变动：泰尔指数描述

加权变异系数虽然能够很好地描绘地区收入差距，但是不能对差距进行分解。我们采用泰尔指数对地区收入差距按地区间和地区内进行分解，了解各组成部分对地区收入差距的变动的贡献。

泰尔指数是 Theil 于 1967 年研究国家间的经济发展差异时提出的。我们将国家转化成地区，用来分析地区间的收入差距，具体公式为：

$$T = \sum_{i=1}^{N} Y_i \log\left(\frac{Y_i}{P_i}\right) \tag{3.5}$$

其中，T 代表 Theil 指数，N 为地区数，Y_i 是第 i 个地区收入占比，p_i 是第 i 个地区的人口占比。如果各地区的收入占比与人口占比相等，即收入在所有地区之间按人口占比均匀分配，此时泰尔指数为零，表示地区间不存在收入差距，是一种理想状态；而当所有的收入都被一个地区占有时，Theil 指数达到它的上限 $\log N$。

在分析地区收入差距时，该指标可以将省(自治区、直辖市)收入差距分为区域之间的差距和区域内的差距，据此可以分析省(自治区、直辖市)收入差距变动的主要推动力是什么、区域间差距和区域内差距具有何种变化趋势，有助于指明后续研究的方向，使得问题的分析更有意义。比如，以我国 28 个省(自治区、直辖市)之间的省(自治区、直辖市)收入差距来说，可以将该指标分为东中西三大地区间的差距和各地区内部差距，具体见式 3.6。

$$T_p = \sum_{i=1}^{3} \sum_{j} \frac{Y_{ij}}{Y} Y_i \log\left(\frac{Y_{ij}/Y}{N_{ij}/N}\right) \tag{3.6}$$

其中，i 为三大地区，j 为三大地区内的省（自治区、直辖市），Y_{ij} 为第 i 地区 j 省（自治区、直辖市）的收入，N_{ij} 为第 i 地区 j 省（自治区、直辖市）的人口，Y 为各省（自治区、直辖市）加总的收入，N 为各省（自治区、直辖市）加总的人口。进一步分解：

$$T_p=\sum_{i=1}^{3}\frac{Y_i}{Y}\sum_j\frac{Y_{ij}}{Y_i}\log\left(\frac{Y_{ij}/Y_i}{N_{ij}/N_i}\right)+\sum_{i=1}^{3}\frac{Y_i}{Y}\log\left(\frac{Y_i/Y}{N_i/N}\right)=T_{WR}+T_{BR}\quad(3.7)$$

其中，T_P 为省（自治区、直辖市）间收入差距，T_{WR} 为三大地区内差距的加权总和，T_{BR} 为三大地区间差距。并令 T_{WR1} 为加权的东部内部差距，T_{WR2} 为加权的中部内部差距，T_{WR3} 为加权的西部内部差距。具体结果见表 3.7。

表 3.7　中国地区收入差距变动：1987—2012 年（泰尔指数）

年份	T_P	T_{WR1}	T_{WR2}	T_{WR3}	T_{WR}	T_{WR} 比重	T_{BR}	T_{BR} 比重
1987	0.057 4	0.032 1	0.002 6	0.001 9	0.036 7	0.639 0	0.020 7	0.361 0
1988	0.058 8	0.031 0	0.002 8	0.002 2	0.036 0	0.612 5	0.022 8	0.387 5
1989	0.057 1	0.030 0	0.002 7	0.002 2	0.034 9	0.610 1	0.022 3	0.389 9
1990	0.056 1	0.029 3	0.002 8	0.002 3	0.034 4	0.613 3	0.021 7	0.386 7
1991	0.056 9	0.027 4	0.002 9	0.002 2	0.032 4	0.570 5	0.024 4	0.429 5
1992	0.059 1	0.026 3	0.002 4	0.002 0	0.030 7	0.519 6	0.028 4	0.480 4
1993	0.060 9	0.024 8	0.001 8	0.001 8	0.028 5	0.467 8	0.032 4	0.532 2
1994	0.063 7	0.024 5	0.001 5	0.001 7	0.027 7	0.435 5	0.036 0	0.564 5
1995	0.064 6	0.023 6	0.001 5	0.001 7	0.026 8	0.4141	0.037 9	0.585 9
1996	0.065 2	0.023 8	0.001 4	0.001 8	0.027 0	0.413 7	0.038 2	0.586 3
1997	0.066 0	0.023 8	0.001 3	0.001 8	0.027 0	0.409 0	0.039 0	0.591 0
1998	0.067 5	0.023 9	0.001 4	0.001 9	0.027 1	0.401 5	0.040 4	0.598 5
1999	0.069 7	0.024 3	0.001 3	0.001 9	0.027 5	0.393 9	0.042 2	0.606 1
2000	0.065 8	0.022 9	0.001 4	0.001 9	0.026 2	0.398 6	0.039 6	0.601 4
2001	0.066 5	0.022 8	0.001 5	0.002 0	0.026 3	0.394 6	0.040 3	0.605 4
2002	0.067 3	0.022 5	0.001 5	0.002 1	0.026 1	0.388 2	0.041 2	0.611 8
2003	0.068 2	0.022 0	0.001 5	0.002 3	0.025 7	0.376 8	0.042 5	0.623 2
2004	0.068 5	0.021 4	0.001 4	0.002 5	0.025 3	0.369 9	0.043 1	0.630 1
2005	0.068 1	0.021 1	0.001 3	0.002 8	0.025 2	0.369 3	0.043 0	0.630 7
2006	0.067 0	0.019 8	0.001 4	0.003 1	0.024 3	0.362 4	0.042 7	0.637 6
2007	0.065 2	0.018 9	0.001 4	0.003 2	0.023 6	0.361 7	0.041 6	0.638 3

续表 3.7

年份	T_P	T_{WR1}	T_{WR2}	T_{WR3}	T_{WR}	T_{WR} 比重	T_{BR}	T_{BR} 比重
2008	0.062 4	0.017 8	0.001 6	0.004 4	0.023 8	0.381 1	0.038 6	0.618 9
2009	0.059 8	0.016 7	0.001 6	0.004 9	0.023 2	0.387 7	0.036 6	0.612 3
2010	0.057 0	0.015 6	0.001 7	0.005 5	0.022 8	0.400 6	0.034 1	0.599 4
2011	0.052 5	0.014 8	0.001 5	0.005 7	0.021 9	0.416 6	0.030 6	0.583 4
2012	0.050 2	0.014 3	0.001 5	0.005 7	0.021 5	0.428 2	0.028 7	0.571 8

资料来源：根据《新中国 60 年统计资料汇编》以及 2013 年各省（自治区、直辖市）统计年鉴计算。

根据表 3.7 反映的信息，我们可以总结出考察期内中国地区收入差距的几个特征①。

1）中国地区收入差距的变动情况

中国地区收入差距在本书考察期内大致可以分为三个阶段。第一阶段（1987—1999 年）、第二阶段（2000—2004 年）和第三阶段（2005—2012 年）。

第一阶段：1987—1999 年。地区收入差距在该阶段呈上升趋势（除了 1988 和 1989 两年略有下降外）。由于该阶段三大地区内部差距呈下降趋势，而三大地区间收入差距呈上升趋势，因此本阶段的收入差距受三大地区间差距主导。

第二阶段：2000—2004 年，地区收入差距在该阶段基本呈上升趋势。2000 年的地区收入差距比 1999 年下降，自 2000 年开始，收入差距不断上升，而这一变动的主要推动力仍然是不断上升的三大地区间的差距，在这一阶段，三大地区间收入差距呈不断上升态势，而三大地区内部差距基本呈下降趋势。

第三阶段：2005—2012 年，该时期地区收入差距呈不断下降趋势。由于三大地区间收入差距和三大地区内部差距均呈不断下降趋势，因此二者共同引起了中国地区收入差距的下降。

2）中国东中西部地区间收入差距变动情况

在考察期内，三大地区间的差距变动，大致可以分为三个阶段。第一阶段：1987—1999 年，该时期内三大地区间收入差距呈不断上升趋势，在 1999 年达到了高峰；第二阶段：2000—2004 年，该时期内，在经历了 1999—2000 年的短暂下降之后，三大地区间的收入差距又呈不断上升趋势，2004 年的地区间收入差距达到了最高值。第三阶段：2005—2012 年，该时期内三大地区间收入差距呈不断下降趋

① 本书考察期为 1987—2012 年，但因相关影响因素数据的可得性，不同章节的时间范围略有差异。

势。总体而言,中国三大地区间收入差距表现出显著的倒U型趋势,见图3.1[①]。

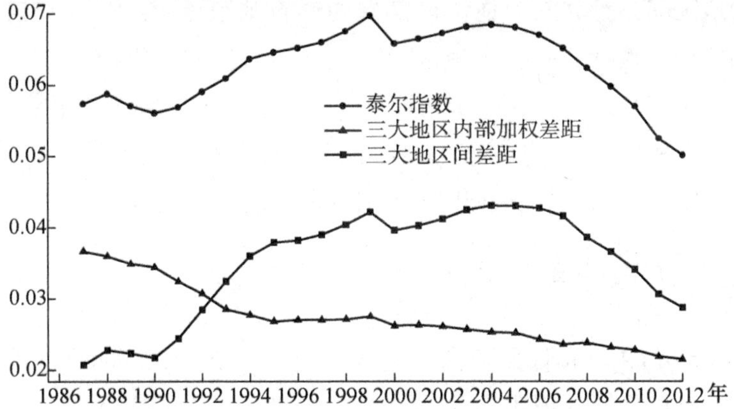

图3.1　中国地区收入差距变动(1987—2012年)

3) 三大地区内部差距

东部地区自1987年以来,内部收入差距总体呈不断下降态势,且在2009年之前始终高于中西部地区的内部收入差距。中部地区内部收入差距的变动较稳定,变动幅度很小。西部地区内部收入差距基本呈不断上升趋势,自2009年起超过了东部地区的内部收入差距,但近几年变动幅度不大,具体见图3.2[②]。

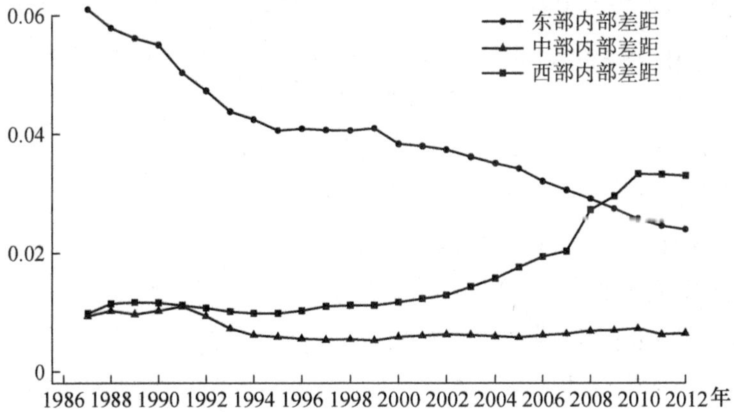

图3.2　中国东中西内部收入差距变动(1987—2012年)

① 资料来源:《新中国60年统计资料汇编》(中国统计出版社)以及2013年各省(自治区、直辖市)统计年鉴。

② 资料来源:《新中国60年统计资料汇编》(中国统计出版社)以及2013年各省(自治区、直辖市)统计年鉴。

4）三大地区内部差距和三大地区间差距对总差距的贡献

就三大地区间差距和三大地区内部差距的贡献来看，在1987—1993年间，三大地区内部的差距贡献大于三大地区间差距，但是自1993年开始，三大地区间差距贡献始终大于三大地区内部的差距贡献。可以说三大区域间差距的变动主导着中国地区收入差距的变动，自1993年开始，中国地区收入差距的变动趋势与三大区域间收入差距的变动趋势非常相似，具体见图3.1。

3.5 本章小结

本章主要对FDI分布特征和趋势、中国地区收入差距变动特征和趋势以及二者之间的关系进行了统计描述。

首先，本章分析FDI在中国地区间分布的特征：(1) FDI在地理维度上呈非均衡分布。在1987—2012年间，东部地区年均FDI流入额占到了全国年均流入份额的近80%。(2) FDI分布在时间维度上呈倒U型变动。我们用东部FDI占比的变动表示FDI分布在时间维度上的趋势，在考察期内，东部FDI占比呈现出了明显的倒U型变动趋势。(3) 三大地区FDI占比与实际地区生产总值占比之间呈现出一定的相关性。(4) FDI产业间分布不均衡。在2011年之前，FDI流入第一产业的比重始终在50%以上(除1993年)，绝大多数年份流入第二产业的份额均在60%以上。就不同地区的行业分布来讲，东中部地区的制造业和房地产业吸收的FDI数量排在前两位，西部地区的房地产业吸收的FDI比重最高，其次是制造业。(5) 地区间FDI企业出口贡献存在明显差异，东部地区生产总值对外商直接投资企业出口依存度远远高于中西部地区。

其次，本章简要回顾了衡量地区收入差距的指标，然后利用加权变异系数和泰尔指数分析了中国1987—2012年间的地区收入差距，根据地区收入差距的变动情况，我们可以得到几个事实：(1) 中国地区收入差距呈倒U型变动。(2) 中国地区收入差距变动的主要推动力是三大地区间的差距，并且三大地区间的收入差距基本也呈倒U型变动。(3) 1993年以来，三大地区间的收入差距始终大于三大地区内部的差距。(4) 就三大地区的内部收入差距来看，东部地区内部收入差距呈现明显的不断下降的趋势，中部地区内部差距也呈现出下降的趋势，但变动幅度不大，西部地区内部差距呈现出明显的不断上升的趋势，2009年起超过了东部地区的内部收入差距。

第四章 FDI 与中国地区收入差距：贡献度测量

我国地区收入差距在改革开放初期有所缩小，但 20 世纪 90 年代初期后又开始增大(陈秀山、徐瑛，2004)，FDI 大量流入我国以及地区间非均衡分布出现在 20 世纪 90 年代以后，说明我国地区收入差距的变动与改革开放、全球化的进程是吻合的，同时大量研究证明了 FDI 是影响中国地区收入差距的重要因素。

已有研究对 FDI 影响中国地区收入差距的贡献主要从 FDI 作为资本的视角展开，然而 FDI 除了作为资本促进经济增长外，还会通过技术外溢、资本挤入等外部效应影响引入地区的经济增长，并且 FDI 外溢效应往往存在门槛效应，尤其与引入地区的人力资本存量密切相关，因此本章将 FDI 外溢效应发挥与人力资本存量相关的特点考虑进来，分析 FDI 对地区收入差距的贡献。

基于以上分析，本章的基本结构安排如下：第一部分为模型设定和估计方法的说明。第二部分为变量选取和数据说明。第三部分为实证结果和分析，利用面板数据对外资存量和各控制变量的系数值进行回归拟合，然后通过方差分解模型，计算 FDI 及其他影响因素对地区收入差距的贡献程度，对其进行分析。第四部分为本章的小结。

4.1 模型设定与估计方法

4.1.1 模型设计

分析经济增长和收入差距的最常用的模型是 Cobb-Douglas 总量生产函数，根据本书研究目的，确定生产函数形式为式(4.1)：

$$Y = TFP \cdot F(L, K_d, K_f) \quad (4.1)$$

因为 TFP 的影响因素有很多，我们将式(4.1)进一步拓展为式(4.2)。

$$Y_t = L_t^{\alpha_1} K_{d,t}^{\alpha_2} K_{f,t}^{\alpha_3} H_t^{\alpha_4} E_t^{\alpha_5} SCH_t^{\alpha_6} \quad (4.2)$$

其中，L 代表劳动投入，K_d 代表国内物质资本存量，K_f 代表外资物质资本存量，TFP 代表全要素生产率。H 代表人力资本，E 代表外贸依存度，SCH 代表市场化水平。α_1，α_2 和 α_3 分别表示各要素的产出弹性。由于物质资本和劳动投入都与生产规模有关(李子奈，1992)，上述函数形式容易造成多重共线性，为了避免多重共线性，本书假设 $\alpha_1+\alpha_2+\alpha_3=1$。将式(4.2)两端同除以 L，并取对数。

国内外实证检验均发现，FDI 与人力资本结合才会发挥对经济增长的作用(Borensztein 等，1998；王志鹏等，2004)，因此我们引入 FDI 存量和人力资本存量的交互项 $k_f \cdot h$，用来间接度量 FDI 外溢效应对地区收入差距的贡献。

我们设计计量模型：

$$y_t = c + \alpha_2 k_{d,t} + \alpha_3 k_{f,t} + \alpha_4 h_t + \alpha_5 e_t + \alpha_6 sch_t + \alpha_7 h_t \cdot k_{f,t} + u + \varepsilon_t \quad (4.3)$$ ①

回归方程(4.3)中的字母为小写，代表对数值。其中 y_t 为人均实际 GDP 的对数，$k_{d,t}$ 为人均国内资本存量的对数，$k_{f,t}$ 为人均外资资本存量的对数。c 为常数项，u 表示未观测到的个体效应，ε_t 为随机扰动项。

对于 n 维随机向量 $\boldsymbol{X}_1, \cdots, \boldsymbol{X}_n$ 和 m 维随机向量 $\boldsymbol{Y}_1, \cdots, \boldsymbol{Y}_m$，有协方差公式②：

$$\operatorname{cov}\left(\sum_{i=1}^{n} \boldsymbol{X}_i, \sum_{j=1}^{m} \boldsymbol{Y}_j\right) = \sum_{i=1}^{n} \sum_{j=1}^{m} \operatorname{cov}(\boldsymbol{X}_i, \boldsymbol{Y}_j)$$

根据协方差公式，对式(4.3)进行方差分解，可得：

$$\begin{aligned}
\operatorname{var}(y_t) &= \operatorname{cov}(y_t, y_t) \\
&= \operatorname{cov}(y_t, c + \alpha_2 k_{d,t} + \alpha_3 k_{f,t} + \alpha_4 h_t + \alpha_5 e_t + \alpha_6 sch_t + \alpha_7 h_t \cdot k_{f,t} + u + \varepsilon_t) \\
&= \alpha_2 \operatorname{cov}(y_t, k_{d,t}) + \alpha_3 \operatorname{cov}(y_t, k_{f,t}) + \alpha_4 \operatorname{cov}(y_t, h_t) + \alpha_5 \operatorname{cov}(y_t, e_t) + \\
&\quad \alpha_6 \operatorname{cov}(y_t, sch_t) + \alpha_7 \operatorname{cov}(y_t, h_t \cdot k_{f,t}) + \operatorname{cov}(y_t, \varepsilon_t) \qquad (4.4)
\end{aligned}$$

其中，$\operatorname{var}(\cdot)$ 表示方差，$\operatorname{cov}(y_t, \cdot)$ 表示人均产出对数与相关变量的协方差。进一步，我们在式(4.4)两端同除以 $\operatorname{var}(y_t)$，则变为式(4.5)：

$$\begin{aligned}
1 = &\frac{\alpha_2 \operatorname{cov}(y_t, k_{d,t})}{\operatorname{var}(y_t)} + \frac{\alpha_3 \operatorname{cov}(y_t, k_{f,t})}{\operatorname{var}(y_t)} + \frac{\alpha_4 \operatorname{cov}(y_t, h_t)}{\operatorname{var}(y_t)} + \\
&\frac{\alpha_5 \operatorname{cov}(y_t, e_t)}{\operatorname{var}(y_t)} + \frac{\alpha_6 \operatorname{cov}(y_t, sch_t)}{\operatorname{var}(y_t)} + \frac{\alpha_7 \operatorname{cov}(y_t, h_t \cdot k_{f,t})}{\operatorname{var}(y_t)} + \frac{\operatorname{cov}(y_t, \varepsilon_t)}{\operatorname{var}(y_t)}
\end{aligned} \qquad (4.5)$$

---

① 式(4.3)是面板数据回归模型，为了表达简洁，省略了省(自治区、直辖市)标注，以下相同。

② 此处的字母只用于表示协方差的公式，与本书的相关变量无关。

等式右端各部分表示各种因素对地区收入差距的贡献,分别为:人均国内资本存量差异的贡献,人均外资资本存量差异的贡献,人力资本差异的贡献,对外贸易差异的贡献,市场化水平差异的贡献,FDI通过人力资本产生外溢效应的贡献及其他无法观察的差异贡献。

为了求得式(4.5)的各因素对地区收入差距的贡献度,首先需要知道各变量的系数估计值,对各解释变量的系数的估计值是通过式(4.3)得来的。

4.1.2　估计方法

采用省(自治区、直辖市)面板数据的固定效应和随机效应进行估计,具体采用何种估计方法,我们通过豪斯曼(Hausman)检验方法进行甄别,由于FDI可能存在的内生性问题,我们通过豪斯曼检验加以分析,采用的工具变量为滞后一期的FDI。

4.2　变量说明与数据选取

省(自治区、直辖市)面板数据包含除西藏、青海的28个内地省(自治区、直辖市),由于重庆市成立时间较短,将重庆数据并入四川。同时,考虑解释变量的数据的获得性,时间段选取为1990—2012年①。样本描述统计量见表4.1。

表4.1　样本描述性统计量[28个省(自治区、直辖市)]

变量名称	变量含义	平均值	标准差	最小值	最大值
y	人均实际地区生产总值	7.710	0.961	5.623	10.472
k_d	人均国内资本存量	8.348	1.243	4.496	11.489
k_f	人均外资资本存量	5.173	2.011	−2.341	9.362
h	人力资本存量	2.058	0.139	1.669	2.474
e	进出口额占地区生产总值比重	−2.040	1.537	−9.017	0.815
sch	非国有企业职工人数占总就业人数比例	−1.164	0.412	−2.269	−0.162

注:数据均为对数值,人均地区生产总值、国内外资本存量均以1952年为基期进行了平减。
资料来源:《新中国60年统计资料汇编》以及2013年各省(自治区、直辖市)统计年鉴。

① 比如受教育年限法估计的各省(自治区、直辖市)较为完善和可靠的人力资本数据为李秀敏(2007)计算的,该数据最早为1990年。

模型(4.3)是本书的回归模型,各变量的具体含义、选取依据及数据来源说明如下:

(1) y_t 表示时期 t 的人均实际地区生产总值的对数值,为被解释变量。由于我们使用的资本存量数据是以 1952 年为基期的,因此地区生产总值均以 1952 年为基期进行折算,人口数为各省(自治区、直辖市)年末常住人口,相关数据来自 2010—2013 年的各省(自治区、直辖市)统计年鉴和《新中国 60 年统计资料汇编》。

(2)人均国内资本存量 k_d。由于我国没有公布资本存量数据,涉及这方面的研究采用间接估计的数据。X. Zhang 和 K. H. Zhang(2003)、谢申祥等(2011)使用的国内资本存量是以 1979 年为起点,初始值与考察期"太近",衡量的误差对考察期的资本存量计算影响过大,因此我们采用初始值较远的国内资本存量数据(以 1952 年为初始值)。本书采用单豪杰(2008)的做法,1990 至 2006 年的数据直接取自该文,之后的数据根据其做法推算。

(3) 人均外资资本存量 k_f。我们将外资存量的计算公式设定为式(4.6)。

$$K_t=\frac{I_t}{P_t}+(1-\delta)K_{t-1} \tag{4.6}$$

其中,K_t 表示 t 年的外资资本存量,K_{t-1} 表示($t-1$)年的外资资本存量,I_t 表示 t 年的外资投资量,P_t 表示 t 年的固定资产价格指数,δ 表示折旧率。中国统计局自 1992 起再未公布过固定资产折旧率数据,为方便起见,我们使用单豪杰(2008)计算的全国平均的折旧率 0.109 6,固定资产价格指数使用单豪杰(2008)的计算结果(1952=100)。

(4) 人力资本 h。目前我国没有公布各省(自治区、直辖市)人力资本存量,本书采用(李秀敏,2007)的受教育年限法,估算各省(自治区、直辖市)人力资本存量①,1990—2006 年的数据来自该文,之后的数据根据该文的方法计算得来。原始数据来自《新中国 60 年统计资料汇编》和 2010—2013 年中国统计年鉴。

(5) 外贸依存度 e。外贸依存度用进出口总额除以国内生产总值表示,该指标反映了地区经济开放程度。从对全要素生产率影响的角度来说,贸易开放可以通过进口含有先进技术的产品、设备,进行技术模仿,提高技术水平,从而提高对技术和知识的吸收能力。数据来自相应年份的《中国统计年鉴》,由于统计年鉴的进出口数额用美元表示,本书将其与该年平均汇率相乘,转化为人民币数额。

---

① 我们也尝试过用高校学生占人口比重表示人力资本,由于其与书中的交互项相关程度较高,而没有采用此种方法。

(6) 非国有经济单位职工占总职工人数的比重 sch。该指标用来衡量一个地区的市场化水平，该指标数值越大，表示非国有经济单位规模在整个经济中的比重越大，市场化水平越高。1990—2008 年的数据来自《新中国 60 年统计资料汇编》，2009 和 2012 年的数据根据各省（自治区、直辖市）统计年鉴整理得来，并使省（自治区、直辖市）统计年鉴的统计口径与《新中国 60 年统计资料汇编》统计口径一致①。我们可以预期，市场化水平与经济增长呈正向关系，即在控制其他变量的条件下，市场化水平越高，经济增长越快，市场化水平越低，经济增长越慢。进而，市场化水平地区差距与地区收入差距呈正比。

由于地理位置和经济政策的差异，地区间经济发展也会有所差异，我们采用东部和中部地区哑变量 D_1 和 D_2 进行控制。

4.3 实证结果及分析

4.3.1 FDI与地区经济增长的关系性分析

根据回归方程(4.3)，我们对人均实际地区生产总值进行了回归分析，首先进行固定效应(FE)和随机效应(RE)的豪斯曼检验，然后对 FDI 变量可能存在的内生性问题，使用滞后一期的人均 FDI 作为工具变量进行检验，经检验，所有模型均不存在内生性问题。具体回归结果见表 4.2。

表 4.2 人均实际地区生产总值回归结果(被解释变量为 y_t)

解释变量	Ⅰ	Ⅱ	Ⅲ	Ⅳ	Ⅴ	Ⅵ
k_d	0.615*** (0.012)	0.607*** (0.013)	0.617*** (0.012)	0.609*** (0.013)	0.588*** (0.012)	0.581*** (0.012)
k_f	0.066*** (0.004)	0.066*** (0.005)	0.064*** (0.004)	0.064*** (0.005)	−0.143*** (0.022)	−0.143*** (0.022)
e	0.011*** (0.004)	0.012*** (0.004)	0.011*** (0.004)	0.012*** (0.004)	0.007* (0.004)	0.008* (0.004)
sch	0.134*** (0.021)	0.141*** (0.021)	0.132*** (0.021)	0.138*** (0.021)	0.094*** (0.020)	0.100*** (0.020)

① 如重庆市和四川省职工人数从 2008 年开始为全部职工数，包含了私营单位，为了与《新中国 60 年统计资料汇编》口径一致，扣除了其中的私营单位职工数据。

续表 4.2

解释变量	Ⅰ	Ⅱ	Ⅲ	Ⅳ	Ⅴ	Ⅵ
h	0.411*** (0.098)	0.458*** (0.100)	0.423*** (0.098)	0.470*** (0.100)	0.070 (0.097)	0.105 (0.099)
$k_f \cdot h$					0.109*** (0.011)	0.110*** (0.011)
D_1		0.307*** (0.124)		0.309*** (0.124)		0.289*** (0.126)
D_2		0.182 (0.127)		0.181 (0.127)		0.184 (0.128)
常数项	1.563*** (0.167)	1.369*** (0.197)	1.528*** (0.169)	1.335*** (0.198)	2.328*** (0.174)	2.153*** (0.203)
Adjusted R^2	0.988 9	0.988 9	0.988 9	0.988 9	0.990 5	0.990 4
Hausman 检验（FE 和 RE）	−19.45		−20.05		−15.43	
Hausman 内生性检验（P 值）				0.966 4		0.789 2
备注	FE	RE	IV-FE	IV-RE	FE	RE

注：(1) 括号中的数值为标准误差，***、**、*分别表示在1%、5%和10%水平下显著。

(2) 豪斯曼检验的原假设为：IV 回归与不用 IV 回归的变量的系数没有系统性差别(Difference in coefficients not systematic)，如果拒绝原假设，则认为使用 IV 回归更有效。

模型Ⅰ和模型Ⅱ是不含交互项的固定效应模型和随机效应模型，至于采用何种估计方法，我们进行了豪斯曼检验。模型Ⅰ的 χ^2 值为−19.45，支持采用随机效应模型，同时我们在模型Ⅱ引入了地区虚拟变量进行控制。由于可能存在的变量内生性问题，我们在模型Ⅲ和模型Ⅳ中采用滞后一期的 k_f 作为工具变量进行回归。模型Ⅲ的 χ^2 值为−20.05，支持采用随机效应模型，与模型Ⅱ一样，我们在模型Ⅳ中引入了地区虚拟变量进行控制。为了检验变量的内生性，我们进行了豪斯曼内生性检验，P 值为 0.966 4，说明接受不存在内生性的假设。

模型Ⅴ和模型Ⅵ是带交互变量的固定效应模型和随机效应模型，固定效应模型的 χ^2 值为−15.43，表明采用随机效应模型更好，随机效应模型的内生性检验表明使用工具变量回归与不使用工具变量回归在系数上没有系统性差别，不存在内生性。而且模型Ⅵ的 R^2 高于其他随机效应模型（达到了 0.990 4），说明模型Ⅵ的回归效果较好，因此后面的分析采用模型Ⅵ的结果。

我们首先分析未加入人力资本和FDI交互项的模型Ⅱ。该模型的实证结果表明,就国内资本与外资对经济增长的弹性来讲,国内资本的作用远大于外资的作用,这一结果与X. Zhang和K. H. Zhang(2003)的结论相似,这也反映了外资在整个固定资产投资的比重并不高,同时这个结果也仅仅反映了外资作为"投资"的作用,并无法反映外资通过技术外溢等作用间接影响经济增长的作用。在后面分析各因素对收入差距的贡献时,我们将对外资作为资本和技术外溢的综合作用给予分析。另外,人力资本、市场化水平、对外贸易对人均产出均产生了正向作用,东部和中部地区虚拟变量回归结果显示均对经济增长有正向作用,只不过中部地区的显著程度不高。

模型Ⅵ是考虑人力资本与FDI交互作用的模型,与模型Ⅱ相比,人力资本、市场化水平、对外贸易、地理位置的系数值变动不大,但是FDI的系数值由正转负,变为了−0.143。这一结果不仅表明人力资本存量的高低影响FDI外溢效应的发挥,同时说明FDI能否对经济增长产生正向影响具有"门槛效应",只有人力资本存量达到一定程度才会产生外溢效应。

4.3.2 FDI及各因素对地区收入差距变动的贡献

根据表4.2中方程Ⅵ估计的结果,使用式(4.5)的方差分解公式,我们可以将各因素对地区收入差距的贡献量化。表4.3是各因素对地区收入差距的贡献度。

表4.3 各因素对地区收入差距变动的贡献

年份	方差	k_d	k_f	h	e	sch	哑变量	其他
1990	0.458	0.279 (61.0)	0.087 (18.9)	0.006 (1.3)	0.004 (0.8)	0.003 (0.5)	0.041 (9.0)	0.038 (8.4)
1991	0.462	0.287 (62.1)	0.089 (19.2)	0.006 (1.3)	0.003 (0.7)	0.003 (0.6)	0.042 (9.2)	0.032 (6.8)
1992	0.467	0.291 (62.4)	0.091 (19.4)	0.006 (1.3)	0.003 (0.7)	0.004 (0.9)	0.045 (9.6)	0.026 (5.6)
1993	0.473	0.294 (62.1)	0.090 (19.1)	0.006 (1.3)	0.003 (0.6)	0.008 (1.6)	0.048 (10.1)	0.025 (5.2)
1994	0.488	0.298 (61.1)	0.097 (19.8)	0.006 (1.2)	0.003 (0.6)	0.009 (1.9)	0.050 (10.3)	0.025 (5.1)
1995	0.485	0.296 (61.0)	0.100 (20.7)	0.006 (1.2)	0.003 (0.6)	0.011 (2.3)	0.051 (10.6)	0.017 (3.6)
1996	0.490	0.301 (61.4)	0.105 (21.4)	0.006 (1.1)	0.003 (0.6)	0.012 (2.4)	0.052 (10.7)	0.011 (2.3)

续表 4.3

年份	方差	k_d	k_f	h	e	sch	哑变量	其他
1997	0.496	0.304 (61.3)	0.106 (21.4)	0.005 (1.1)	0.003 (0.6)	0.012 (2.4)	0.054 (10.8)	0.012 (2.4)
1998	0.504	0.307 (60.9)	0.109 (21.6)	0.005 (1.1)	0.003 (0.7)	0.009 (1.9)	0.054 (10.7)	0.015 (3.1)
1999	0.515	0.309 (60.0)	0.116 (22.6)	0.006 (1.1)	0.004 (0.8)	0.010 (2.0)	0.055 (10.7)	0.015 (2.9)
2000	0.497	0.293 (59.1)	0.112 (22.5)	0.005 (1.0)	0.004 (0.9)	0.012 (2.5)	0.054 (10.8)	0.016 (3.2)
2001	0.501	0.292 (58.2)	0.113 (22.5)	0.005 (0.9)	0.004 (0.9)	0.013 (2.7)	0.054 (10.8)	0.020 (4.1)
2002	0.506	0.289 (57.2)	0.118 (23.4)	0.005 (1.0)	0.004 (0.8)	0.014 (2.8)	0.054 (10.8)	0.020 (4.0)
2003	0.512	0.290 (56.7)	0.121 (23.6)	0.005 (1.0)	0.004 (0.8)	0.014 (2.6)	0.055 (10.7)	0.023 (4.5)
2004	0.515	0.289 (56.2)	0.124 (24.1)	0.005 (1.0)	0.004 (0.8)	0.014 (2.7)	0.055 (10.7)	0.023 (4.6)
2005	0.503	0.282 (56.2)	0.128 (25.4)	0.006 (1.2)	0.004 (0.8)	0.015 (2.9)	0.054 (10.8)	0.014 (2.7)
2006	0.499	0.278 (55.6)	0.130 (26.0)	0.006 (1.2)	0.004 (0.8)	0.014 (2.9)	0.054 (10.9)	0.013 (2.6)
2007	0.492	0.272 (55.2)	0.126 (25.7)	0.006 (1.1)	0.004 (0.8)	0.013 (2.7)	0.054 (10.9)	0.017 (3.6)
2008	0.482	0.265 (55.0)	0.123 (25.6)	0.005 (1.1)	0.004 (0.8)	0.014 (2.8)	0.053 (11.0)	0.018 (3.8)
2009	0.477	0.265 (55.5)	0.124 (25.9)	0.005 (1.1)	0.004 (0.8)	0.013 (2.8)	0.052 (11.0)	0.013 (2.8)
2010	0.465	0.253 (54.4)	0.118 (25.3)	0.005 (1.0)	0.004 (0.8)	0.013 (2.8)	0.051 (11.0)	0.021 (4,6)
2011	0.438	0.232 (52.9)	0.111 (25.3)	0.004 (1.0)	0.003 (0.8)	0.012 (2.8)	0.050 (11.4)	0.026 (5,8)
2012	0.421	0.212 (50.4)	0.109 (25.8)	0.004 (1.1)	0.003 (0.7)	0.011 (2.5)	0.048 (11.4)	0.034 (8.0)

注：第 2 列为人均实际 GDP 对数的方差，第 3 至第 9 列为各因素对收入差距的贡献与贡献度，数值表示贡献，括号中的数值表示各因素的贡献度。各因素的贡献根据表 4.2 中的回归方程Ⅵ拟合的系数与人均实际 GDP 对数的协方差相乘而来。

表4.3的结果表明,本书的核心解释变量FDI对中国地区收入差距的影响在18.79%至26%之间,这一结果综合考虑了FDI资本作用和外溢效应,比起单独考虑FDI的资本作用而言,其对地区收入差距的贡献有所上升,而且其贡献程度不断上升。在不考虑外溢效应时(模型Ⅱ),FDI作为资本对收入差距的贡献在11.6%至13.39%之间[①]。因此我们的结果与X. Zhang和K. H. Zhang(2003)的结果不同,该文FDI的作用在6%至7.5%之间。因此从政策层面讲,要不断加大中西部地区引进FDI的力度,尤其是加大引进高质量FDI的力度。

国内资本对地区收入差距的影响最大,所占比重始终在50%以上,最高时达到62.4%,这一结果与X. Zhang和K. H. Zhang(2003)、谢申祥和王孝松(2011)等多数结果类似。同时国内资本对中国地区收入差距的影响程度有下降趋势,但这并不意味着这一因素的差距在地区之间缩小,有可能是其他因素不平等程度进一步扩大的结果。

地理位置的重要性排在第三位,对中国地区收入差距的作用在9%至11.4%之间,而且有逐年上升的趋势。说明虽然内陆区的交通运输条件得到了很大改善,但东部地区先天的初始禀赋条件,造成了物质资本、人力资本的大量聚集,甚至形成了日后的政策性支持不断加大,比如2013年在上海设立的自由贸易试验区,无疑也是上海早年经济发展和政策倾斜的结果。

教育、对外贸易和市场化水平对中国地区收入差距的贡献不大。教育的贡献度始终维持在1.1%至1.3%,而且有随时间不断下降的趋势,这一点与万广华等(2005)的结论一致,可能说明我国越来越重视教育公平,各省(自治区、直辖市)之间教育的差距在逐渐缩小。对外贸易对地区收入差距的贡献在0.6%至0.9%之间,这个结果与X. Zhang和K. H. Zhang(2003)等研究结果不一致,可能是时间段选取和相关变量选取的差异。市场化水平对地区收入差距的贡献在0.5%至2.9%之间,而且呈倒U型变动,说明市场化水平在20世纪90年代以来逐渐提高,但随着相关政策条件的均等化,各地区市场化水平差距不断缩小,当然关于市场化水平衡量,有很多指标可以选择,如优惠政策、对外开放程度、所有制结构、政府财政赤字水平、非国有经济的发展以及政府对经济的干预程度等指标。在樊纲等(2011)构建的中国市场化指数中,包括了政府与市场的关系、非国有经济发展、产品市场发育、要素市场发展、中介组织发育和法律五大指标,但由于该指标年限较

---

① 由于我们主要关注带外溢效应的模型Ⅵ,因此以模型Ⅱ为例的结果并未列出。

短，本书没有采用。

4.4 本章小结

本章利用 X. Zhang 和 K. H. Zhang（2003）的方法，在考虑 FDI 外溢效应的条件下，对其影响中国地区收入差距贡献进行了度量。本章的主要发现是：

FDI 对中国地区收入差距的影响在 18.79％至 26％之间，而且呈不断上升趋势，由于我们综合考虑了 FDI 资本作用和外溢效应，研究结论不同于多数成果。

影响地区收入差距的最主要的因素是国内资本，其作用均在 50％以上，但影响程度有逐年下降趋势，这一方面说明地区间的国内资本存量差距有所缩小，另一方面表明影响地区收入差距的其他因素作用在逐渐增强。

地理位置起到的累积循环作用有不断提高的趋势；由于教育不平等在各地区的缩小，教育对地区收入差距的贡献不大，且呈下降趋势；对外贸易对地区间的差距贡献不高；由于各地之间的市场化水平差异不断缩小，市场化水平对地区收入差距的影响呈现出倒 U 型趋势。

第五章　FDI技术外溢效应与中国地区收入差距

FDI的流入不仅提高了流入地区的资本存量，还影响着流入地区的企业技术水平，因此FDI在地区间的非均衡分布，通过技术外溢这一机制将对地区收入差距产生一定影响。

关于FDI技术外溢效应对地区收入差距的影响研究，通常的思路是首先构建包含FDI技术外溢效应的内生增长模型，然后检验FDI对经济增长及条件收敛的影响。这种方法的关键步骤在于通过理论分析确定FDI技术外溢的内生机制，然而现有文献对于FDI技术外溢机制的理论描述还有待完善。

本章通过构建一个FDI通过技术外溢效应促进经济内生增长的理论模型，明确研究FDI技术外溢时可以使用的解释变量，避免了大多数实证文章直接将外商直接投资的绝对量或与某些变量的比值(如GDP、全社会固定资产投资等)作为解释变量，从而缺乏必要的理论基础的问题。同时经济增长存在惯性，很多回归模型中使用了经济增长率的滞后项作为解释变量，容易产生内生性问题，因此本书使用动态面板数据回归方法(GMM)，使回归结果更具说服力。

5.1　模型设定与估计方法

5.1.1　模型设定

Barro和Sala-i-Martin(1995)提出了一个将干中学(Learning by doing)和知识外溢结合起来的模型：

$$Y_i = F(K_i, k \cdot L_i) \tag{5.1}$$

其中，Y_i 为企业 i 的产出，K_i 为企业 i 拥有的资本，k 为企业 i 所在区域的人均资本量，L_i 为企业 i 拥有的劳动力。这一模型消除了总劳动力的规模效应。

本书借鉴这一思想，将资本分为国内资本和国外资本，并假定无论是国内资本还是国外资本，企业在增加和使用的同时，提高了自身的使用经验，增加了知识存量，产生了干中学的作用。另外当每个企业都增加其资本存量时，社会的资本存量随之增加，社会的知识存量也随之增加，当知识的公共产品属性较强时，企业可以无成本或低成本地获得，从而产生外溢效应。我们借鉴 Luiz R. De Mello(1997)的思想，设代表性企业 i 的生产函数为：

$$Y_i = A \cdot (K_{di})^{\alpha} \cdot (K_{fi})^{\beta} \cdot (k_d^{\phi} k_f^{\varphi} L_i)^{1-\alpha-\beta} \tag{5.2}$$

其中，Y_i 为企业 i 的产出，K_{di} 为企业 i 拥有的国内资本、K_{fi} 为企业 i 拥有的国外资本、L_i 为企业 i 拥有的劳动力、k_d 为该企业所在区域的国内资本人均拥有量，k_f 为该企业所在区域的国外资本人均拥有量。国内资本和国外资本的外溢效果不同，我们令 ϕ 表示国内资本的外溢指数，φ 表示国外资本的外溢指数。α 为国内资本的产出弹性，β 为国外资本的产出弹性。

我们假设单个企业的资本存量变化对整个经济的影响微乎其微，但是当所有企业都提高国内资本存量或者国外资本存量的情况下，将产生知识外溢效应，这种外溢效应进入了单个企业的生产函数，为经济内生增长提供了基础。但这种外溢效应未必一定能带来内生增长，如果外溢效应过小，将不足以抵消企业内部资本扩大带来的报酬递减，就不能带来内生增长。

设人均产出 $y_i = Y_i / L_i$，企业 i 人均国内资本 $k_{di} = K_{di} / L_i$，企业 i 人均国外资本 $k_{fi} = K_{fi} / L_i$，在竞争均衡中所有企业的要素选择行为一致，所以 $k_{di} = k_d$，$k_{fi} = k_f$，$y_i = y$（y 为企业所在区域的人均产出）。则人均产出为：

$$y = A(k_d)^{\alpha+\phi(1-\alpha-\beta)} \cdot (k_f)^{\beta+\varphi(1-\alpha-\beta)} \tag{5.3}$$

根据式(5.3)，我们可以得出国内资本的平均产品和国外资本的平均产品表达式，分别为式(5.4)和式(5.5)：

$$\frac{y}{k_d} = A(k_d)^{\alpha-1+\phi(1-\alpha-\beta)} \cdot (k_f)^{\beta+\varphi(1-\alpha-\beta)} \tag{5.4}$$

$$\frac{y}{k_f} = A(k_d)^{\alpha+\phi(1-\alpha-\beta)} \cdot (k_f)^{\beta-1+\varphi(1-\alpha-\beta)} \tag{5.5}$$

很显然想要消除资本的平均产品的报酬递减趋势，只有两种情况，一种是资本的平均产品与资本本身无关，另一种是资本的平均产品呈报酬递增。

对于国内资本而言，当

$$\phi=\frac{1-\alpha}{1-\alpha-\beta} \tag{5.6}$$

或者

$$\phi\geqslant\frac{2-\alpha}{1-\alpha-\beta} \tag{5.7}$$

时①，资本的报酬递减因为资本的干中学和知识外溢而消除。

同理，对于国外资本而言，当

$$\varphi=\frac{1-\beta}{1-\alpha-\beta} \tag{5.8}$$

或者

$$\varphi\geqslant\frac{2-\beta}{1-\alpha-\beta} \tag{5.9}$$

时，资本的报酬递减因为资本的干中学和知识外溢而消除。

为了分析国内资本和国外资本对经济增长的影响，我们首先构建一个代表性家庭无限期效用函数，令其为：

$$U=\int_0^{\infty} \mathrm{e}^{-\rho t}\ln(c_d)\mathrm{d}t \tag{5.10}$$

其中，ρ 表示贴现率，c_d 为国内人均消费水平，不考虑人口增长率，δ 为折旧率，约束条件为：

$$\dot{k}_d=y-c_d-\delta k_d \qquad k_d(0)\geqslant 0 \tag{5.11}$$

建立汉密尔顿函数：

$$H=e^{-\rho t}\ln c_d+\mu\{Ak_d^{\alpha+\phi(1-\alpha-\beta)}\cdot k_f^{\beta+\varphi(1-\alpha-\beta)}-\delta k_d-c_d\} \tag{5.12}$$

一阶条件为：

$$\frac{\partial H}{\partial c_d}=\frac{e^{-\rho t}}{c_d}-\mu=0 \tag{5.13}$$

$$\frac{\partial H}{\partial k_d}=\mu A[\alpha+\phi(1-\alpha-\beta)]k_d^{\alpha-1+\phi(1-\alpha-\beta)}\cdot k_f^{\beta+\varphi(1-\alpha-\beta)}-\delta=-\dot{\mu} \tag{5.14}$$

可求得国内人均消费增长率为：

$$\gamma_c=\frac{\dot{c}_d}{c_d}=A[\alpha+\phi(1-\alpha-\beta)]\cdot k_d^{\alpha-1+\phi(1-\alpha-\beta)}\cdot k_f^{\beta+\varphi(1-\alpha-\beta)}-\delta-\rho \tag{5.15}$$

为了使问题分析简单，假设国内资本的增加对经验的增长和知识的扩散没有

---

① 分别对应于 $\alpha-1+\phi(1-\alpha-\beta)=0$ 或$\geqslant 1$，国外资本的平均产品无报酬递减的条件对应于 $\beta-1+\varphi(1-\alpha-\beta)=0$ 或$\geqslant 1$。

作用，即 $\phi=0$，同时我们假设国外资本的外溢效应使得资本的平均产品无报酬递减趋势，但也不存在报酬递增趋势①，即外溢指数 $\varphi=\frac{1-\beta}{1-\alpha-\beta}$，式(5.15)可简化为：

$$\gamma_c=\gamma_y=A\alpha\cdot\frac{k_f}{k_d^{1-\alpha}}-\delta-\rho \tag{5.16}$$

其中，γ_y 表示人均产出的增长率。式(5.16)表明一个地区的经济增长取决于国外资本和国内资本的相对比率，只要 $A\alpha\cdot\frac{k_f}{k_d^{1-\alpha}}>\delta+\rho$，人均产出经济就可以内生增长，同时均衡经济增长率又受到国内资本的产出弹性(α)大小的影响，当 α 增大时，均衡经济增长率提高，当 α 下降时，均衡的经济增长率也随之下降。为了实证检验方便，我们假设国内资本的产出弹性 α 不变，则东道国的人均产出增长率将同人均国外资本与人均国内资本的比值成正比②。

图5.1③是用省际(自治区、直辖市)数据拟合的FDI和经济增长的关系。横坐标为FDI与全社会固定资产投资的比值，纵坐标为人均实际GDP增长率(1987=100)。可以看到FDI与经济增长的作用为正，表明FDI占比与经济增长之间存在一定的正向关系。

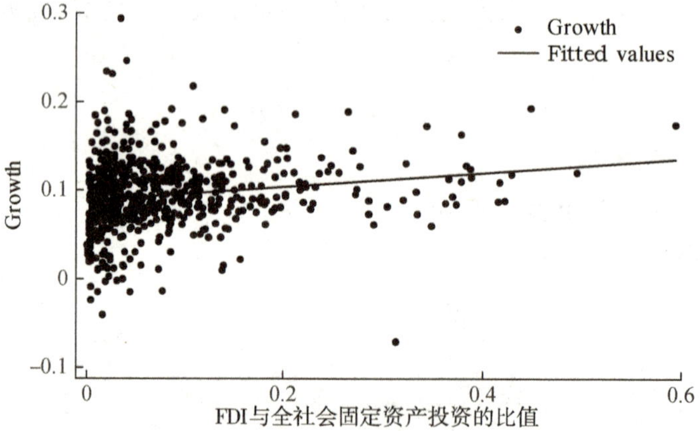

图5.1　省(自治区、直辖市)数据拟合的FDI与中国经济增长

注：Growth表示人均实际GDP增长率(1987=100)。

---

① 本书的分析框架是建立在完全竞争基础上的，如果企业生产时规模报酬递增的，将与本分析框架违背，鉴于此，本书不考虑规模报酬递增的情形。

② 我们也使用 $\frac{k_f}{k_d^{1-\alpha}}$ 作为解释变量进行了回归，各变量的回归系数并没有明显的变化。

③ 资料来源：《新中国60年统计资料汇编》以及2013年各省(自治区、直辖市)统计年鉴。

经济增长除了受式(5.16)的因素影响外，还受到人力资本、政府支出、对外开放、市场化水平等变量影响，根据式(5.16)，同时参考 Barro 和 Sala-i-Martin(1995)的回归模型，本书设定回归模型：

$$\ln\left(\frac{y_{i,t}}{y_{i,t-1}}\right)=c+c_1\cdot fdi_{i,t}+c_2\cdot \ln y_{i,t-1}+\sum_{k=3}^{n}c_k X_{k,t}+u_i+\varepsilon_{i,t} \quad (5.17)$$

为了构造动态面板模型，将被解释变量分解，回归模型(5.17)变为：

$$\ln y_{i,t}=c+c_1\cdot fdi_{i,t}+(1+c_2)\cdot \ln y_{i,t-1}+\sum_{k=3}^{n}c_k X_{k,t}+u_i+\varepsilon_{i,t} \quad (5.18)$$

其中，$\ln\left(\frac{y_{i,t}}{y_{i,t-1}}\right)$表示人均实际 GDP 的增长率①，$fdi_{it}$ 表示时期 t 的国外资本与国内资本的比值，$\ln y_{i,t-1}$表示初期人均实际 GDP 的对数值，$X_{k,t}$表示其他解释变量及外商直接投资与相关解释变量的交互项，包括人力资本($h_{i,t}$)，人力资本与外商直接投资占比的交互项($h_{i,t}\cdot fdi_{i,t}$)，政府支出占 GDP 的比重($gy_{i,t}$)，政府支出与外商直接投资的交互项($gy_{i,t}\cdot fdi_{i,t}$)，出口额占 GDP 的比重($ie_{i,t}$)，出口额占 GDP 的比重与外商直接投资的交互项($ie_{i,t}\cdot fdi_{i,t}$)，国有经济单位职工占总职工人数的比重($sow_{i,t}$)，u_i 表示未观测到的地区个体效应。$\varepsilon_{i,t}$为随机扰动项。

5.1.2　估计方法

由于本书分析的横截面样本较少，不适合进行横截面回归分析②，由于模型中存在内生性问题，不适合采用混合最小二乘法(Pooled OLS)，由于存在动态面板偏差(dynamic panel bias)，组内估计量(FE)也是不一致的③，一阶差分估计量也存在内生性，因此需要采用某种方法解决模型内生性的问题。解决模型内生性可以采用两阶段最小二乘法(TSLS)、三阶段最小二乘法(3SLS)、广义矩估计方法(GMM)。由于两阶段最小二乘法、三阶段最小二乘法分析的局限性，如要求扰动项的准确分布信息等，GMM 方法因其对数据的分布条件等要求不高，将在一定程度上解决传统方法的局限性(高铁梅，2009)。鉴于此，本书将使用 GMM 的两种分析方法——差分 GMM 和系统 GMM 进行实证检验。

---

① 与 Barro 和 Sala-i-Martin(1995)给出的年均实际 GDP 增长速度$\frac{\ln(y_t/y_{t-1})}{T}$相比，本书省略了时间长度 T，所以回归之后各变量系数除以 T 就是各变量对年均实际 GDP 增长速度的影响。

② Barro 和 Sala-i-Martin(1995)采用 180 多个国家的数据，进行了横截面分析。

③ 虽然长面板数据的动态面板偏差比较小，但由于本书选取的横截面样本有 28 个，时间跨度为 24 年，不属于长面板数据，也不适合采用组内估计量(FE)。

5.2 样本说明与变量选取

5.2.1 样本说明

本书以除西藏、青海的28个省(自治区、直辖市)为样本,由于重庆市成立时间较短,将重庆数据并入四川。由于模型(5.18)是一个动态面板模型,要求面板数据是短面板,即数据属于大 N 小 T 类型,参照Barro和Sala-i-Martin(1995)等经典论文的做法,每3年为一个阶段,每个解释变量为三年的平均值,根据本书对时间段的划分方法和FDI数据的完整性,时间范围为1989—2012年①。样本的描述统计量见表5.1。

表5.1 样本描述性统计量[28个省(自治区、直辖市)]

变量名称	变量含义	平均值	标准差	最小值	最大值
lny	人均实际地区生产总值对数	8.074	0.848	6.384	10.169
fdi	FDI占固定资本投资比重	0.081	0.087	0.001 3	0.512
h	人力资本	0.007	0.007	0.001	0.035
gy	政府支出占地区生产总值比重	0.138	0.055	0.051	0.343
sow	国有企业职工人数占总就业人数比例	0.690	0.131	0.213	0.905
ie	出口占地区生产总值比重	0.156	0.177	0.021	0.885

资料来源:《新中国60年统计资料汇编》以及2013年各省(自治区、直辖市)统计年鉴。

5.2.2 变量选取

模型(5.18)是本书的回归模型,各变量的具体含义、选取依据及数据来源说明如下:

(1) $\ln y_{i,t}$表示 i 地区在时期 t 的人均实际地区生产总值的对数值,表示被解释变量,其余变量均为解释变量。所有年份的地区生产总值均以1989年为基期进行了折算,人口为年末的常住人口,相关数据来自1990—2013年的各省(自治区、直辖市)统计年鉴。

① 在1987年之前有些省(自治区、直辖市)没有公布FDI数据,如北京等,为了保持数据时间段划分的完整性,同时也因为在20世纪90年代之前有些省(自治区、直辖市)的FDI在整个经济中的比重很小,难以产生外溢效应,故将时间范围确定为1989—2012年。

（2）$fdi_{i,t}$表示 i 地区在时期 t 的国外资本与国内资本的比值。这是根据式(5.16)直接推导而来的，根据式(5.16)该变量与经济增长率成正比。在具体的实证分析时，可以用外商直接投资与地区生产总值的比值表示（Borensztein、Gregorio 和 Lee，1998；沈坤荣，2001 等），也可以用外商直接投资与全社会固定资产形成的比值表示（王志刚和李子奈，2004）。根据本书的模型推导的结果，采用外商直接投资与全社会固定资产投资的比值来表示比较适合。

（3）$\ln y_{i,t-1}$表示 i 地区初期人均实际地区生产总值的对数值。如果其回归系数小于 1，则说明经济存在条件收敛趋势，如果其回归系数大于 1，则说明经济存在发散趋势。

（4）$h_{i,t}$表示 i 地区在时期 t 的人力资本存量。目前我国没有公布的各省（自治区、直辖市）人力资本存量，有的学者采用受教育年限法估算了各省（自治区、直辖市）的人力资本存量（李秀敏，2007），有的学者直接采用高层次的教育人口与总人口比重表示（沈坤荣，2001），也有的学者采用某一层次的在校生占总在校生的比重表示（如王志鹏和李子奈，2004）。考虑到低层次的教育（如小学）对经济增长作用有限，本书选取普通高等学校在校人数与总人口的比值表示，其中总人口为各省（自治区、直辖市）年末的常住人口，数据来自《新中国 60 年统计资料汇编》和 2013 年各省（自治区、直辖市）统计年鉴。

（5）$h_{i,t} \cdot fdi_{i,t}$表示人力资本与外商直接投资占比的乘积。如果该变量的系数为正，表示固定外商直接投资占比条件下，人力资本越高，对经济增长的促进作用越大；如果该变量的系数为负，表示固定外商直接投资占比条件下，人力资本越高，对经济增长的促进作用越小。

（6）$ie_{i,t}$表示 i 地区在时期 t 的出口占地区生产总值的比重。出口可以通过扩大资本形成和提高全要素生产率促进经济增长①。在资本形成方面，发展中国家可以通过出口贸易进行资本积累（沈坤荣和李剑，2003）。在全要素生产率方面，Levin 和 Raut（1997）以 Feder（1982）模型为基础，通过建立内生增长模型，认为如果出口部门的生产效率高于非出口部门，能够吸引资源向出口部门流动，起到优化资源配置、提高技术水平的作用，同时出口部门先进管理、先进技术等通过正外部性传导到非出口企业，将提高非出口企业的技术水平。也有的学者认为贸易对提

① 由于出口量主要由外部经济决定，可以作为外生变量进入本书的回归模型，因此本书仅考虑出口与经济增长的关系，而不考虑进口与经济增长的关系。

高 TFP 的作用有限甚至为负(包群等,2003;Antu Panini Murshid,2007)。由于统计年鉴上只给出以美元为单位的出口额,因此本书将各省(自治区、直辖市)的出口额按照当年平均汇率折算成人民币,并与当年的名义 GDP 相除。数据来自《新中国 60 年统计资料汇编》和 2013 年各省(自治区、直辖市)统计年鉴。

(7) 市场化水平变量。我国经济发展之所以取得了举世瞩目的成就,对外开放和市场化改革功不可没,从区域经济发展来看,由于改革开放初期,优惠政策向东部倾斜,加快了东部的资本积累和技术进步;东部地区的非国有经济比重大,企业竞争意识、创新意识较强;政府对市场的干预较少,企业经营的交易成本较低,为地区经济增长提供了制度保障。因此本书主要选取合适的指标衡量政府与市场的关系和非国有经济发展,具体选择的指标为:

① 政府支出占 GDP 的比重($gy_{i,t}$)。之所以引入该变量,一是该指标衡量了政府与市场的关系,间接反映政府行为对经济运行的影响,政府支出占 GDP 的比重越大,说明政府对经济干预程度越大,反之越小。二是我国的转型期经济增长是政府主导式的经济增长。在 Barro 和 Sala-i-Martin(1995)的文章中,使用了实际政府消费对实际 GDP 之比减去名义国防和教育的非资本支出对名义 GDP 的比值,由于国防支出主要由中央支出,无法在各省(自治区、直辖市)的政府支出中扣除(就全国整体而言也没有公开的准确的国防支出数据),因此本书将政府支出总体数据作为政府消费与同期 GDP 相除。相关数据来自各年份的《中国统计年鉴》。

② 国有经济单位职工占总职工人数的比重($sow_{i,t}$)。该指标表示一个地区的市场化水平,该指标数值越大,表示国有经济单位规模在整个经济中的比重越大,市场化水平越低。理论上讲,该指标与经济增长成反比。1989—2008 年的数据来自《新中国 60 年统计资料汇编》,2009—2012 年的数据根据各省(自治区、直辖市)统计年鉴整理得来,并使省(自治区、直辖市)统计年鉴的统计口径与《新中国 60 年统计资料汇编》统计口径一致①,同时重庆市的数据并入四川省。

5.3 实证结果及分析

表 5.2 的结果显示,除了模型 1.4 扰动项一阶差分不相关之外②,其他模型的

① 如重庆市和四川省职工人数从 2008 年开始为全部职工数,包含了私营单位,为了与《新中国 60 年统计资料汇编》口径一致,扣除了其中的私营单位职工数据。

② GMM 一致性估计要求扰动项不存在自相关,但其一阶差分相关,二阶及以上差分不相关。

回归结果良好，即一阶扰动项自相关，二阶扰动项不相关，工具变量选择有效。不过由于差分 GMM 会损失相关信息，而且随着时间连续性的增长，会导致弱工具变量情况，同时表 5.2 中结果显示系统 GMM 的估计标准误差比差分 GMM 的估计标准误差小，因此系统 GMM 估计比差分 GMM 估计更准确，下面的分析将以系统 GMM 的估计结果为基础。

(1) 初始人均实际 GDP 与人均实际 GDP 的增长率为反向关系，即经济存在条件收敛。表 5.2 的结果是根据式(5.18)得出的，初始人均实际 GDP 系数小于 1 意味着经济存在条件收敛，即在其他条件不变时，初始经济水平低的地区，经济增长速度越快。以模型为例，初始人均实际 GDP 系数(c_2)的平均值约为－0.031，意味着中国经济条件收敛的速度约为每年 3.25%①。这一结果与汪锋(2006)、余长林(2008)的结果相似。

条件收敛是在控制省份间的 FDI 差异下得到的，但 FDI 占固定资产投资比重在东、中、西部有很大差异，东部地区 FDI 占固定资产投资比重远高于中部和西部(具体见图 5.2②)，这种差异将影响地区差距。

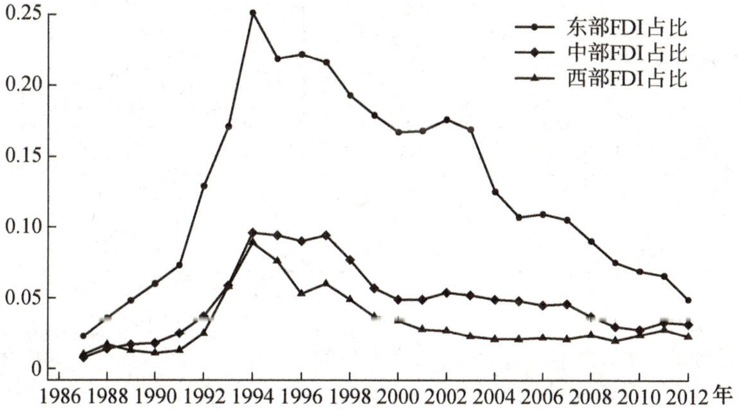

图 5.2　东中西部 FDI 与固定资产投资比值

资料来源：原始数据来自于《中国统计年鉴》(1988—2011)、《新中国 60 年统计资料汇编》以及各省(自治区、直辖市)“国民经济和社会发展统计公报(2009—2010)”。

---

① 在其他条件不变的时，初始人均实际 GDP 对数值的回归系数等于$-(1-e^{-\beta T})/T$，模型 1.6 中初始人均实际 GDP 对数值的回归系数除以时间长度 3 等于－0.031，令该值等于$-(1-e^{-\beta T})/T$，可以解出收敛速度β为 3.25%。

② 资料来源：《新中国 60 年统计资料汇编》(中国统计出版社)以及 2013 年各省(自治区、直辖市)统计年鉴。

表 5.2　外商直接投资、内生增长与中国省(自治区、直辖市)经济增长

(被解释变量为人均实际地区生产总值)

解释变量	1.1	1.2	1.3	1.4	1.5	1.6
$\ln y_{t-1}$	0.906*** (0.016)	0.911*** (0.015)	0.912*** (0.016)	0.887*** (0.013)	0.902*** (0.012)	0.907*** (0.013)
fdi	0.571*** (0.074)	1.957*** (0.183)	1.956*** (0.221)	0.801*** (0.049)	2.180*** (0.123)	2.130*** (0.144)
h	18.219*** (1.927)	19.842*** (2.063)	19.464*** (2.047)	21.47*** (1.263)	21.716*** (1.301)	22.005*** (1.430)
gy	−0.110 (0.089)	0.224** (0.108)	0.211 (0.130)	−0.312*** (0.072)	0.017 (0.075)	−0.038 (0.075)
ie	0.078 (0.062)	0.270*** (0.065)	0.283*** (0.075)	0.175*** (0.030)	0.357*** (0.044)	0.389*** (0.044)
sow	0.147 (0.142)	0.278* (0.143)	0.251* (0.146)	0.076* (0.042)	0.189 (0.057)	0.186*** (0.056)
h * *fdi*			−3.122 (10.300)			−12.852 (16.303)
gy * *fdi*		−12.393*** (1.447)	−12.189*** (2.056)		−13.342*** (0.883)	−12.432*** (1.726)
ie * *fdi*		−1.040*** (0.227)	−1.134*** (0.214)		−0.990*** (0.139)	−1.015*** (0.167)
常数项	0.742*** (0.202)	0.542*** (0.200)	0.562*** (0.211)	0.906*** (0.061)	0.665*** (0.134)	0.638*** (0.132)
AR(1)	0.030 2	0.017 5	0.018 8	0.253 6	0.027 6	0.029 3
AR(2)	0.191 3	0.172 4	0.168 3	0.188 6	0.419 5	0.409 4
Sargan 检验	0.017 4	0.025 5	0.060 2	0.131 0	0.200 0	0.220 0

注:(1) 括号中的数值为标准误差,***、**、*分别表示在1%、5%和10%水平下显著。

(2) AR(1)和AR(2)是对扰动项差分一阶自相关和二阶自相关的检验,GMM一致性估计要求扰动项不存在自相关,但其一阶差分相关,二阶及以上差分不相关,原假设为"扰动项差分不存在自相关"。

(3) Sargan检验(Sargan test of overidentifying restrictions),原假设为"所有工具变量都有效",如果P值大于10%,表明在10%的显著水平上无法拒绝"所有工具变量都有效"的原假设,即工具变量的选取是合适的。

(4) 模型1.1、1.2和1.3是差分GMM的估计结果,模型1.4、1.5和1.6是系统GMM的估计结果。

(2) FDI占比与经济增长成正相关关系。模型1.6的FDI占比系数为2.130,同时综合与人力资本、政府支出及出口贸易的交互项①,可以得到当FDI占比增加

① 每个交互项对经济增长的作用可以用交互项系数乘以与FDI交互作用变量的平均值表示。

1%时，提高经济增长率约为0.06%。说明外商直接投资对我国经济的总体作用是好的，外商投资能够促进地区的技术进步，产生技术外溢效果，印证了理论模型式(5.16)的正确性。当然这一结果除了受外资企业的外部性影响之外，还可能包括外资企业更高的生产率促进了经济增长，这需要更为详细的数据检验。

(3) 政府支出占比与经济增长成反比关系。模型1.6中该系数为-0.038，平均值约为-0.013，但不显著。同时政府支出占比与FDI占比的交互项系数为负。模型1.6表明FDI占比越大，政府支出对经济增长的负面影响越大。政府支出包含了有益于经济增长的教育支出及符合市场导向的生产性支出，也包含了不利于经济增长的非市场导向投资、非生产性支出，甚至暗含了腐败因素。

跨国公司如果在技术研发、管理水平上高于国内企业，会通过技术外溢和竞争效应提高地区的经济增长，然而外资企业中有一定数量的中小企业，进入我国主要是看中一些优惠政策，其技术水平低下，根本无法产生技术外溢。其次，外资企业中还存在一定数量的“假外资”，它们实际上是国内的公司在国外注册后回国投资，所以又被称为“回程FDI”或“返程FDI”，它们将在一定程度上挤出国内投资。

另外优质的外资企业利用其技术优势和市场优势，对有志于长远发展的优质国内企业打压、收购，导致国内企业生存环境恶劣，不利于激励国内企业的长期投资，以上情况导致政府投资的正外部性缩小，同时会放大政府投资的负外部性。

(4) 国有职工占比与经济增长的关系显著为正，这与我们的预期不符。可能的原因是该指标虽然能够反映出一个地区非国有经济的发展，但不足以全面反映一个地区的市场化发展水平，市场化水平应是一个综合指标体系，还应包括政府与市场的关系、产品市场发育、要素市场发展、中介组织发展等(樊纲等，2011)。

(5) 出口额占比提高有利于经济增长。模型1.6中该系数为0.389，平均值约为0.129，并且在1%水平下显著。同时出口额占比与外商直接投资占比的交互项系数为负。模型1.6表明FDI占比越大，会使得出口的经济增长效应越小，当FDI占比大于38%的时候[①]，出口对经济增长的作用为负。可能的原因是当外商直接投资流入规模不大的时候，出口可以通过增强国内企业的竞争意识、提高企业生产效率和技术水平，并通过产业的各环节外溢至非出口企业，同时通过吸收国内其他资源，优化资源配置，进而促进经济增长。然而随着出口导向型的外商直接投资的大量流入，处于全球价值链低端的劳动密集型企业增多，技术创新受到抑制、技术扩散渠道受阻，资源配置扭曲，因此当FDI占比达到一定比例的时候，出口额占比

---

① 出口占比的系数为0.389，出口占比与FDI占比交互项的系数为-1.015，0.389除以1.015约等于0.38。

的作用由正转负。

(6) 人力资本与经济增长成正相关关系。说明高等教育水平的提高有利于促进经济增长。但人力资本与 FDI 的交互项系数不显著，这一结果反映出人力资本对传导 FDI 外溢效果的复杂性，单就系数符号来讲(不考虑显著水平)，这一结果可能意味着 FDI 占比越大，人力资本对经济增长的作用越小①。这一结果可能反映了外商直接投资对我国经济发展具有“锁定效应”，即外资企业的进入更多是为了利用我国的初级要素，造成国内相关产业的要素结构向低端转移(陈飞翔等，2010)。随着外资对我国产业结构锁定的深入，我国制造业被锁定在全球价值链的低端，企业创新动力不强，导致人力资本无法发挥作用。当然，由于该系数不显著，人力资本与 FDI 交互产生的作用有待进一步考察。

5.4 本章小结

本章通过构建包含 FDI 技术外溢效应的内生经济增长模型，选取中国 28 个省(自治区、直辖市)，利用动态面板数据模型(GMM)方面进行假设检验，主要有以下结论：

第一，本书的实证结果表明外商直接投资对经济增长的作用为正，说明本书的理论假设是正确的，具体结果为外商直接投资占比增加 1%，将使经济增长率提高 0.06 个百分点。

第二，在控制外商直接投资占比、人力资本、出口额占比等变量后，初始人均地区生产总值低的地区经济增长速度快于初始人均地区生产总值高的地区，说明中国省(自治区、直辖市)经济增长存在条件收敛。条件收敛为省(自治区、直辖市)之间的收入差距(人均收入的标准差)缩小提供了可能，同时也说明外商直接投资在地区间的不均衡分布是产生省(自治区、直辖市)间收入差距的原因之一。

第三，FDI 会产生“锁定效应”，通过相关变量降低其对经济增长的正作用。各种资源被不断强化于劳动密集型产业，资源配置效率下降，企业缺乏创新机制和创新动力，削弱了人力资本对经济增长的作用；放大了政府支出的负外部性，缩小了政府支出的正外部性；当 FDI 占比达到一定比例时，出口对经济增长产生负向影响。

---

① 本书第四章用受教育年限法计算人力资本存量，实证检验发现人力资本与人均 FDI 存量的交互项系数显著为正。本章人力资本与 FDI 占比交互项系数为负，更加表明高水平教育程度对 FDI 技术外溢没有正面效果。

第六章 FDI 挤入效应与中国地区收入差距

本章借鉴程培堽(2009)的思想，构建 FDI 挤入国内投资的理论模型。首先以外资企业异质性为视角，进行挤入机制的研究。模型中包含了影响资本挤入效果的人力资本、技术水平等东道国因素，为实证分析提供了必要的理论基础。然后实证分析了国内投资对三大地区经济增长的作用，最后结合 FDI 对东、中、西部三大地区国内投资影响，定量分析了 FDI 通过挤入国内投资间接影响经济增长的差异以及对中国地区收入差距的影响。

6.1 理论模型构建

进入一个地区的外资质量参差不齐，对内资企业的影响自然不同，从溢出效应的层面说，只有那些技术水平、管理能力强于内资企业的外资才能产生溢出效应，而技术水平和内资企业差不多的企业不会产生溢出效应。多数研究都把外资企业视为同质的，即技术水平、规模大小都一样，因此会产生水平溢出效应或大于零、或小于零的假设，而现实中有些大型外资企业无论从规模上、技术上、管理水平或人才培训上都肯定强于内资企业，从而产生溢出效应，而有些外资企业与内资企业质量差不多，极有可能发生相当数量技术落后的 FDI 或回流 FDI(蒋殿春等，2008)，不会产生溢出效应。

本书将外资企业视为“异质的”。假定进入一个地区的外资企业有两种类型，一类是高质量的外资企业，能对内资企业产生“溢出效应”，另一类是低质量的外资企业[①]，不能对内资企业产生溢出效应。内资企业有 n_d 个，外资企业有 n_f 个，令 $n_f = n_{f,h} + n_{f,l}$，其中 $n_{f,h}$ 表示“高质”外资企业数量，$n_{f,l}$ 表示“低质”外资企业数量。

我们假定内资企业、“高质”外资企业和“低质”外资企业的生产函数为规模报酬不变：

$$y_d = A_d f(K_d, L_d) \tag{6.1}$$

$$y_{f,j} = A_{f,j} f(K_{f,j}, L_{f,j}) \qquad j = h, l \tag{6.2}$$

不考虑固定成本，内资企业成本函数 $C(y_d)$ 和外资企业成本函数 $C(y_{f,j})$ 为：

$$C(y_d) = c_d(r_d, w, A_d) \cdot y_d \tag{6.3}$$

$$C(y_{f,j}) = c_{f,j}(r_{f,j}, w, A_{f,j}) \cdot y_{f,j} \qquad j = h, l \tag{6.4}$$

其中，$c_d(\cdot)$ 和 $c_{f,j}(\cdot)$ 表示国内企业和外资企业的单位可变成本。要素价格外生给定，w 表示劳动力价格，我们假定外资企业与内资企业以同样价格雇佣当地劳动力，因此劳动力价格没有标注下标。r_d 表示内资企业使用资本的价格，$r_{f,h}$ 表示“高质”外资企业使用资本的价格，$r_{f,l}$ 表示“低质”外资企业使用资本的价格。我们假定外资企业使用母国的资本，并令 $r_{f,h} < r_{f,l} = r_d$[②]。

$A_{f,h}$ 表示“高质”外资企业的技术水平，$A_{f,j}$ 表示“低质”外资企业的技术水平，A_d 表示内资企业的技术水平，我们令 $A_{f,h} > A_{f,l} = A_d$[③]，则 FDI 进入后，国内企业技术水平 A_d 变为 $\widetilde{A}_d$：

$$\widetilde{A}_d = A_d \cdot g(n_{f,h}) \tag{6.5}$$

其中，$g(n_{f,h})$ 表示“高质”外资企业的技术外溢函数，并满足以下条件：

(1) $g(0) = 1$。表示不存在“高质”外资企业时，内资企业技术水平不发生改变。

(2) $\lim\limits_{n_{f,h} \to \infty} g(n_{f,h}) = \dfrac{A_{f,h}}{A_d}$。其中 $\dfrac{A_{f,h}}{A_d}$ 表示内资企业与“高质”外资企业的初始技术差距。当“高质”外资企业无限多的时候，“外溢效应”达到最大，内资企业与外资企业的技术水平相同，不存在技术差距，即 $\widetilde{A}_d = A_{f,h}$。

(3) $g'(n_{f,h}) > 0$，$g''(n_{f,h}) < 0$。一阶导数大于零，表示技术外溢程度随着“高

---

① 为表述简洁，下文用高质外资企业代替高质量的外资企业，用低质外资企业代替低质量的外资企业。

② 融资成本取决于企业规模、信誉等多种因素，高质量的企业融资成本通常低于低质量企业，因此我们假定高质外资公司融资成本小于低质外资公司融资成本。同时为简化起见，假定低质外资企业融资成本与国内企业融资成本相同。

③ 这与前文假定“低质”外资企业不能产生溢出效应一致。同时我们也就假定了内资企业和低质外资企业具有相同的成本函数。

质”外资企业的增加而增加，二阶条件小于零表示外溢速度不断下降。

(4) $\lim_{n_{f,h}\to 0} g'(n_{f,h})=\infty$，$\lim_{n_{f,h}\to \infty} g'(n_{f,h})=0$。这两个条件类似生产函数中的“稻田条件”，保证均衡解的存在。

同时我们令 $\tilde{c}_d=\frac{c_d}{g(n_{f,h})}\geqslant\frac{A_d}{A_f}c_d=c_f$，$\tilde{c}_d$ 表示 FDI 进入之后的内资企业单位成本。

6.1.1 FDI 进入前的内资企业产量求解

我们假定该地区的市场反需求函数为：

$$p=a+b\sum_{k=1}^{n_d}y_{d,k} \tag{6.6}$$

我们假定市场的均衡遵循“古诺均衡”，即该市场的所有企业同时对其他企业进行产量预测(不存在领导者)，产量均衡并且所有企业的预期是理性的，对其他企业的预测被现实证明是正确的。代表性企业 j 的利润表示为：

$$\pi_j=(a-b\sum_{k=1}^{n_d}y_{d,k})y_{d,j}-c_d y_{d,j} \tag{6.7}$$

$$\frac{\partial\pi_{d,j}}{\partial y_{d,j}}=(a-b\sum_{k=1}^{n_d}y_{d,k})-by_{d,j}-c_d=0$$

推出

$$y_{d,j}=y_d=\frac{a-c_d}{b(n_d+1)} \tag{6.8}$$

为了使得该均衡解有意义，我们规定 $a>c_d$。

6.1.2 FDI 进入后的内资企业产量求解

随着 FDI 的进入，国内企业的均衡产量会发生变化，一方面面对“高质”外资企业和“低质”外资企业的竞争，另一方面受“高质”外资企业的影响，技术水平提高，生产成本降低。外资企业的进入导致企业间生产的博弈规则发生改变，我们假定“高质”外资企业在整个市场中起到支配作用，具有类似于斯塔克博格(Stacklberg)的“先走一步”的优势，当“高质”外资企业宣布产量 $y_{f,h}$ 之后，国内企业和“低质”外资企业决定自己的产量①，"高质"外资企业再根据对国内企业和"低质"外资企业产量的判断，生产利润最大化的产量。

国内代表性企业 j 进行利润最大化决策。

$$\pi_{d,j}=\{a-b(\sum_{k=1}^{n_d}Y_{d,k}+\sum_{k=1}^{n_{f,h}}y_{f,h,k}+\sum_{k=1}^{n_{f,l}}y_{f,l,k})\}y_{d,j}-\tilde{c}_d y_{d,j} \tag{6.9}$$

对式(6.9)求导，

$$\frac{\partial\pi_{d,j}}{\partial y_{d,j}}=\{a-b(\sum_{k=1}^{n_d}y_{d,k}+\sum_{k=1}^{n_{f,h}}y_{f,h,k}+\sum_{k=1}^{n_{f,l}}y_{f,l,k})\}-by_{d,j}-\tilde{c}_d=0$$

可得下式：

$$a-b(n_d+n_{f,l}+1)y_d-b\cdot n_{f,h}\cdot y_{f,h}-\tilde{c}_d=0$$

进一步求解可得：

$$\tilde{y}_{d,j}=\tilde{y}_d=y_{f,l}=\frac{a-bn_{f,h}\cdot y_{f,h}-\tilde{c}_d}{b(n_d+n_{f,l}+1)} \tag{6.10}$$

其中，$\tilde{c}_d$ 指 FDI 进入后的单位成本，$\tilde{y}_d$ 为 FDI 进入后的代表性国内企业产量。"高质"外资企业根据对其他企业产量的预测，决定自己的产量：

$$\pi_{f,h,j}=\{a-b(n_d\tilde{y}_d+n_{f,l}\cdot y_{f,l}+\sum_{k=1}^{n_{f,h}}y_{f,h,k})\}y_{f,h,j}-c_{f,h}y_{f,h,j} \tag{6.11}$$

对上式求利润最大化的解为：

$$y_{f,h}=\frac{a-b(n_d+n_{f,l})\tilde{y}_d-c_{f,h}}{b(n_{f,h}+1)} \tag{6.12}$$

将式(6.10)代入式(6.12)，可得：

$$y_{f,h}=\frac{a+(n_d+n_{f,l})(\tilde{c}_d+c_{f,h})-c_{f,h}}{b(1+n_d+n_f)} \tag{6.13}$$

将式(6.13)代入式(6.10)后可得，

$$\tilde{y}_d=\frac{a-h(\tilde{c}_d-c_{f,h})-\tilde{c}_d}{b(1+n_d+n_f)} \tag{6.14}$$

6.1.3 FDI 进入前后的资本存量变动

我们知道内资企业的成本函数，根据谢泼特引理，可求条件要素函数。本书假定内资企业生产函数为一次齐次函数，根据式(6.3)可求得资本需求函数为 $k_d=$

① 根据前面的假设，"低质"外资企业只是通过外资政策得以进入东道国，但是其并不具有优越于内资企业的技术水平和生产成本的优势，因此我们假定其在产量选择上并不具有"先走一步"的优势。

$\theta \cdot y_d$，其中 θ 是要素价格的函数，与产量无关。因为内资企业是同质的，则该地区在 FDI 进入前的均衡资本存量为：

$$K_d = n_d k_d = n_d \theta y_d \tag{6.15}$$

FDI 进入之后的均衡资本存量为：

$$\widetilde{K}_d = n_d \tilde{k}_d = n_d \theta \cdot \tilde{y}_d \tag{6.16}$$

其中，K_d 和 $\widetilde{K}_d$ 是 FDI 进入前和进入后的内资企业资本总量。

我们定义 FDI 进入后的地区资本存量变动为：

$$OI = \widetilde{K}_d - K_d = n_d \theta \cdot (\tilde{y}_d - y_d) \tag{6.17}$$

我们定义 $OI>0$ 表示 FDI 进入产生"资本挤入效应"；$OI<0$ 表示 FDI 进入产生"资本挤出效应"；$OI=0$ 表示 FDI 进入产生"资本中性效应"。我们将式(6.8)和式(6.14)代入式(6.17)，整理得到：

$$OI = \frac{\theta n_d}{b(1+n_d+n_{f,h}+n_{f,l})}\left\{(1+n_{f,h})c_d\left(1-\frac{1}{g(n_{f,h})}\right)-\frac{n_{f,h}}{1+n_d}\cdot[a-c_f-n_d(c_f-c_d)]-\frac{(a-c_d)}{1+n_d}\cdot n_{f,l}\right\}$$

为了表述方便，我们令 $\frac{\theta n_d}{b(1+n_d+n_{f,h}+n_{f,l})}=\vartheta$，则上式变为：

$$OI = \vartheta\left\{\underbrace{(1+n_{f,h})c_d\left(1-\frac{1}{g(n_{f,h})}\right)}_{SE}-\underbrace{\frac{n_{f,h}}{1+n_d}\cdot[a-c_f-n_d(c_f-c_d)]}_{MG_h}-\underbrace{\frac{(a-c_d)}{1+n_d}\cdot n_{f,l}}_{MG_l}\right\} \tag{6.18}$$

我们定义式(6.18)中的 SE 代表"高质"外资企业的"溢出效应"，MG_h 代表"高质"外资企业的"市场攫取效应"，即高质量的外资企业依靠其先进技术和低成本的竞争优势，收购或者迫使一些内资企业退出市场，从而挤出内资企业投资。MG_l 式代表"低质"外资企业的"市场攫取效益"，即"低质"外资企业依靠政策优惠进入该地区，共同瓜分有限的市场，迫使其他内资企业降低产量，从而减少投资，令 $MG=MG_h+MG_l$。

内资均衡资本存量变动方向取决于 SE、MG_h 和 MG_l，我们根据前面的条件来判断一下这三个效应的符号：

$g(n_{f,h})\geqslant 1$，因此 $SE\geqslant 0$；$a>c_d>c_f>0$，$c_f-c_d<0$，因此 $MG_h>0$；$a-c_d>0$，因此 $MG_l>0$。所以我们无法判断 OI 的变动方向。因此只有通过比较静态分析的方法，来判断式(6.18)中各个变量发生变动的时候 OI 会发生怎样的变化。

本书假定只有“高质”外资企业才会产生溢出效益，因此在比较静态分析方面，以分析“高质”外资企业为主，即分析$\frac{\partial OI}{\partial n_{f,h}}>0$，$\frac{\partial OI}{\partial n_{f,h}}<0$还是$\frac{\partial OI}{\partial n_{f,h}}=0$。在其他条件不变时，式(6.18)对$n_{f,h}$求导，可得：

$$\frac{\partial OI}{\partial n_{f,h}}=\vartheta\left(\frac{\partial SE}{\partial n_{f,h}}-\frac{\partial MG_h}{\partial n_{f,h}}\right) \tag{6.19}$$

同时，

$$SE'(n_{f,h})=c_d\left\{1-\frac{1}{g(n_{f,h})}+(1+n_{f,h})\frac{g'(n_{f,h})}{[g(n_{f,h})]^2}\right\} \tag{6.20}$$

$$MG_h'(n_{f,h})=\frac{a-c_f-n_d(c_f-c_d)}{1+n_d} \tag{6.21}$$

根据前面假定，式(6.20)的结果大于0，式(6.21)的结果也大于0。由于两个效应的一阶导数都大于0，我们尚不能判断式(6.19)[①]的符号。为此我们引入一个具体的“高质”外资企业的“溢出函数”[②]，来间接判断式(6.19)的符号，定义：

$$g(n_{f,h})=\varphi-\frac{\varphi-1}{n_{f,h}^{\alpha}+1} \tag{6.22}$$

其中，φ表示内资企业与“高质”外资企业的初始技术差距$\left(\frac{A_{f,h}}{A_d}\right)$，根据前面的假设可知$\varphi>1$，当我们固定$h$时，对$\varphi$求导，可知$\frac{\partial g}{\partial \varphi}>0$，说明内资企业与外资企业的初始技术差距越大，外资企业的技术外溢效果越强，这与Findlay(1978)、Wang(1992)、桑秀国(2002)等人的观点相似，即FDI溢出效应与内外资技术差距呈正比。α表示东道国(地区)的吸收能力，假定$0<\alpha<1$，该指数越大，东道国(地区)的吸收能力越强，反之则越弱。

该函数满足“高质”外资企业外溢函数的相关条件，即$\lim\limits_{h\to 0}g(0)=1$，表示没有“高质”外资企业进入时，不存在技术外溢。$\lim\limits_{n_{f,h}\to\infty}g(n_{f,h})=\varphi$，即当“高质”外资企业进入数量趋近于无穷大时，技术外溢效应的最高水平为内资企业与“高质”外资企业的初始技术的差距，此时内外资企业间不存在技术差距。另外，根据式(6.22)，我们可以得到$g'(n_{f,h})>0$、$g''(n_{f,h})<0$、$\lim\limits_{n_{f,h}\to 0}g'(n_{f,h})=\infty$和$\lim\limits_{n_{f,h}\to\infty}g'(n_{f,h})=0$[③]。

① 严格来讲，也要对ϑ求$n_{f,h}$的导数，但我们只需要分析式(6.18)大括号内的符号，省略此步不影响结果。

② 程培堽(2009)运用此方法进行分析，但是该文的“溢出函数”不具有类似于生产函数的“稻田条件”的性质，导致后面的推导结果存在问题。

③ 具体见附录A。

根据前面假设，可以不用具体函数直接求出 $\lim_{n_{f,h}\to 0} SE'(n_{f,h})$：

$$\lim_{n_{f,h}\to 0} SE'(n_{f,h})=\lim_{n_{f,h}\to 0} c_d\left[(1+n_{f,h})\frac{g'(n_{f,h})}{[g(n_{f,h})]^2}+1-\frac{1}{g(n_{f,h})}\right]=\lim_{n_{f,h}\to 0} c_d g'(n_{f,h})=\infty \tag{6.23}$$

该结果表示 $SE(n_{f,h})$ 曲线在 0 处是垂直的，即当 $n_{f,h}$ 较小时，$SE(n_{f,h})$ 肯定在 MG_h 曲线的上方，这是一个保证当 OI 在 $n_{f,h}>0$ 处存在中性效应（$OI=0$），或存在从挤入到挤出的条件之一。

我们再将式(6.22)代入式(6.20)，求得 $\lim_{n_{f,h}\to\infty} SE'(n_{f,h})$ 为：

$$\lim_{n_{f,h}\to\infty} SE'(n_{f,h})=c_d\left(1-\frac{1}{\varphi}\right) \tag{6.24}$$

式(6.24)①表明溢出效应曲线的斜率收敛于 $c_d\left(1-\frac{1}{\varphi}\right)$。再用式(6.24)减去式(6.21)，可以得到式(6.25)②：

$$\lim_{n_{f,h}\to\infty} SE'(n_{f,h})-MG_h'(n_{f,h})=\frac{c_f-a}{1+n_d}<0 \tag{6.25}$$

根据式(6.23)和式(6.25)，我们可以得到命题 6.1。

命题 6.1　若 FDI 全部为“高质”时，FDI 对内资企业资本存量存在从挤入到挤出的临界点，即 FDI 规模较小时会挤入国内投资，但随着 FDI 规模的增大，会挤出国内投资。

式(6.25)表明，随着进入的“高质”外资企业的增多，溢出效应曲线的斜率最终会小于“高质”外资企业的“市场攫取效应”曲线。式(6.23)和式(6.25)保证 MG_h 曲线与 SE 曲线有一个交点。该命题意味着即便所有 FDI 对国内企业均存在“外溢效应”，从影响国内投资的角度讲，也不是引进得越多越好，随着 FDI 规模的增大，最终会使得 FDI 的“市场攫取效应”大于“溢出效应”。

命题 6.1 的含义我们可以通过图 6.1 描述。当外资企业中不存在“低质”外资（全部为高质量外资企业）时，对内资企业资本产生挤出效应的只有“高质”外资企业，此时“市场攫取”效应曲线为 MG_0（经过原点）。这种情况下，当外资企业较少时“溢出效应”大于“市场攫取”效应，FDI 对国内资本存在“挤入效应”。当外资企业数量超过 n_{f,h_0}^* 时，“溢出效应”小于“市场攫取”效应，FDI 对国内资本存在“挤出

---

① 具体推导见附录 B。

② 具体推导见附录 C。

效应”，也就说 FDI 对一个地区的国内资本的效应不是线性的，存在临界点。

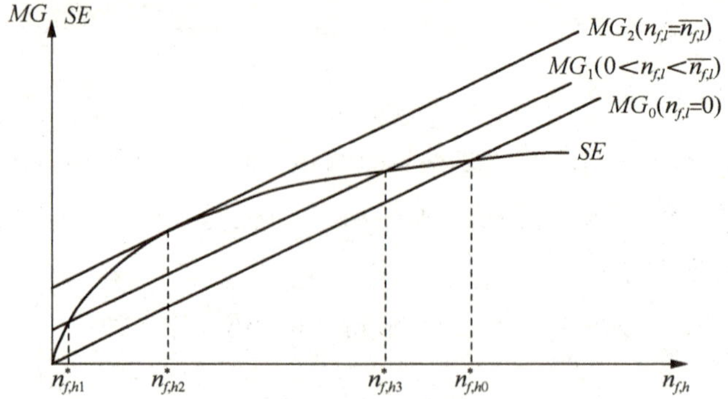

图 6.1 FDI 挤入国内投资示意图

根据式(6.23)、式(6.25)，结合图 6.1，我们还可以得到命题 6.2。

命题 6.2 若“低质”FDI 在一定范围内($0\leqslant n_{f,l}<\overline{n_{f,l}}$)，FDI 对内资企业资本存量存在从挤入到挤出的临界点。若“低质”FDI 超过某一数量时($n_{f,l}>\overline{n_{f,l}}$)，FDI 对内资企业资本存量只有挤出效应，不存在挤入效应。

当“低质”外资企业大于零，但不超过某一数量($\overline{n_{f,l}}$)，“市场攫取”效应曲线为 MG_1，FDI 对国内资本的挤入效应存在临界点 $n^*_{f,h1}$ 和 $n^*_{f,h2}$。当 $n_{f,h}<n^*_{f,h1}$，FDI 对国内资本产生挤出效应，也可以理解为即使 FDI 很少，也能对国内资本产生挤出效应。当 $n^*_{f,h1}<n_{f,h}<n^*_{f,h2}$ 时，FDI 对国内资本产生挤入效应。当 $n_{f,h}>n^*_{f,h2}$ 时，FDI 对国内资本产生挤出效应。当 $n_{f,h}=n^*_{f,h1}$ 和 $n_{f,h}=n^*_{f,h2}$ 时，FDI 对国内资本产生中性效应。

而当“低质”外资企业超过一定数量($\overline{n_{f,l}}$)时，FDI 对国内资本只能产生挤出效应。罗长远等(2003)在比较佛山和温州的 FDI 差别时，发现佛山的 FDI 合同金额高于温州，但 FDI 项目平均金额低于温州，因此佛山的私人资本没有太大幅度的投资增长。这个案例可能侧面印证了本命题，说明引入“高质量”FDI 的重要性。

6.2 比较静态分析

下面我们假定高质 FDI 企业数量不变，而“低质”外资企业数量、内外资技术差距、内资企业吸收能力发生变动时，对国内投资的挤入(挤出)会产生何种影响。

命题 6.3 假定其他条件不变，当 FDI 对国内企业投资存在挤入效应时，“低质”外资企业越多，FDI 挤入效应越弱。

该命题可以通过求 OI 对 l 的导数得到：

$$\frac{\partial OI}{\partial n_{f,l}}=\frac{\theta n_d}{b}\left\{-\frac{1}{(1+n_d+n_{f,h}+n_{f,l})^2}[SE(n_{f,h})-MG(n_{f,h})-MG(n_{f,l})]-\frac{a-c_d}{1+n_d}\frac{1}{1+n_d+n_{f,h}+n_{f,l}}\right\} \tag{6.26}$$

当 $SE(n_{f,h})-MG(n_{f,h})-MG(n_{f,l})>0$ 时，即当 FDI 对国内企业投资存在挤入效应时，式(6.26)小于零，表明“低质”外资企业越多，FDI 挤入效应越弱①。

命题 6.4　保持其他条件不变，当 FDI 对一个地区的国内投资存在挤出效应时，内资企业与“高质”外资企业初始技术差距越大，FDI 挤出效应越弱。当 FDI 对内资企业投资存在挤入效应时，内资企业与“高质”外资企业初始技术差距越大，FDI 挤入效应越大。

这一命题可以通过将式(6.21)代入式(6.17)，求 OI 对 φ 的导数得到：

$$\frac{\partial OI}{\partial \varphi}=\vartheta\frac{\partial SE}{\partial \varphi}=c_d\vartheta(1+n_{f,h})\frac{(n_{f,h}^{\alpha}+1)n_{f,h}^{\alpha}}{[\varphi(n_{f,h}^{\alpha}+1)-\varphi+1]^2}>0 \tag{6.27}$$

通过式(6.27)可以看出，OI 随着 φ 上升而上升，随着 φ 下降而下降。由于高质量外资企业初始技术水平影响着外资整体的技术水平，在实证检验部分不再区分低质量外资和高质量外资的技术水平。

命题 6.5　保持其他条件不变，当 FDI 对一个地区的国内投资存在挤出效应时，东道国(地区)吸收能力越强，FDI 挤出效应越弱。当 FDI 对内资企业投资存在挤入效应时，东道国(地区)的吸收能力越强，FDI 挤入效应越强。

这一命题可以通过将式(6.22)代入式(6.18)，求 OI 对 α 的导数得到：

$$\frac{\partial OI}{\partial \alpha}=\vartheta\frac{\partial SE(\alpha)}{\partial \alpha}=\vartheta c_d(1+n_{f,h})n_{f,h}^{\alpha}\ln(n_{f,h})\frac{\varphi-1}{[\varphi(n_{f,h}^{\alpha}+1)-\varphi+1]^2}>0 \tag{6.28}$$

通过式(6.28)②可以看出，OI 随着 α 上升而上升，随着 α 下降而下降。

① 当 $SE(n_{f,h})-MG(n_{f,h})-MG(n_{f,l})<0$ 时，上式的符号无法确定。

② 式(6.27)和式(6.28)的推导过程见附录 D 和附录 E。

6.3 FDI对国内投资挤入效应的实证检验

6.3.1 实证检验模型

根据上面的理论分析，并结合 Agosin 和 Mayer(2000)的做法[①]，我们建立 FDI 对国内投资挤入挤出的计量回归模型，具体如下：

$$id_{i,t} = \alpha_0 + \alpha_1 \cdot fdi_{i,t} + \sum_{k=2}^{n} \alpha_k X_{k,t} + u_i + \varepsilon_{i,t} \qquad (6.29)$$

$id_{i,t}$为 i 地区在时期 t 的固定资产投资额占地区生产总值的比重，$fdi_{i,t}$为 i 地区在时期 t 的外商直接投资占地区生产总值的比重，$X_{k,t}$表示其他解释变量及交互项，u_i 表示未观测到的地区个体效应，$\varepsilon_{i,t}$为随机扰动项。

6.3.2 变量及数据说明

由于西藏、青海的数据不完整，本部分选取除这两个省区之外的 28 个省(自治区、直辖市)，其中重庆市成立时间较短，将其相关数据与四川省数据相加。另外，由于省(自治区、直辖市)间公布外商直接投资的数据起始时间不一致，为了保证样本数据的完整性，时间段选取为 1987—2012 年[②]。样本描述统计量见表 6.1。

表 6.1　样本描述性统计[28 个省(自治区、直辖市)]

变量	含义	对应符号	均值	标准差	最小值	最大值
被解释变量	固定资产投资/地区生产总值	id	0.391	0.151	0.153	1.110
核心解释变量	FDI/地区生产总值	fdi	0.028	0.032	0	0.195

① 国内有学者直接采用 Agosin 和 Mayer(2000)给出的外资挤入(挤出)长期系数计算公式来计算中国的外资挤入(挤出)，但该长期系数是建立在有理分布滞后模型基础上的，即假设总投资滞后项回归系数的绝对值小于 1。国内很多文章用中国的数据回归的结果不符合该假设，往往出现总投资滞后项回归系数绝对值大于 1 的情况，在此基础上的分析缺乏有力支撑。因此本书采用一般的回归方法，同时借鉴 Agosin 和 Mayer(2000)在回归方程中引入经济增长滞后项的做法。

② 比如北京的 FDI 统计数据从 1987 年开始公布。

续表 6.1

变量	含义		对应符号	均值	标准差	最小值	最大值
控制变量	开放程度	出口额与地区生产总值比值	eg	0.161	0.194	0.000 4	2.239
	市场化	政府支出/地区生产总值	gov	0.139	0.057	0.049	0.368
		非国有单位职工占职工总数的比重	sch	0.315	0.132	0.103	0.802
	预期经济增长率	滞后一期的经济增长率	gdp_{t-1}	0.111	0.040	−0.025	0.350
	交互项		$fdi \cdot dutg$	0.008	0.014	0	0.082
	交互项		$fdi \cdot h$	0.027	0.044	4.20e−06	0.287

注：交互项 $fdi \cdot dutg$ 中的 $dutg$ 为技术差距（tg）的哑变量。

（1）固定资产投资占地区生产总值比重（id）。由于该变量为相对值，没有进行消除价格处理。数据来自《新中国 60 年统计资料汇编》和 2013 年各省（自治区、直辖市）统计年鉴。

（2）外商直接投资占地区生产总值的比重（fdi）。统计年鉴上的数据的单位是美元，我们用当年人民币年平均汇率将其折算成人民币，单位为亿元。与 $kd_{i,t}$ 变量一样，由于该变量是相对值，也没有进行消除价格的处理。数据来自《新中国 60 年统计资料汇编》和 2013 年各省（自治区、直辖市）统计年鉴。

（3）$fdi \cdot h$ 表示人力资本与外商直接投资占比的乘积。我们用人力资本存量度量一个地区的吸收能力，即人力资本存量越高，表示该地区的吸收能力越强。目前我国没有公布各省（自治区、直辖市）人力资本存量，有的学者采用受教育年限法估算了各省（自治区、直辖市）的人力资本存量（李秀敏，2007），有的学者直接采用高层次的教育人口与总人口比重表示（沈坤荣，2001），也有的学者采用某一层次的在校生占总在校生的比重表示（王志鹏、李子奈，2004）。本书选取普通高等学校在校人数与总人口的比值表示，其中总人口为各省（自治区、直辖市）年末的常住人口，数据来自《新中国 60 年统计资料汇编》和 2013 年各省（自治区、直辖市）统计年鉴。

如果该变量的系数为正，表示当 FDI 对国内投资存在挤入效应时，吸收能力越强（即人力资本存量越高），对国内投资的挤入效应越强，当 FDI 对国内投资存在挤出效应时，吸收能力越强（即人力资本存量越高），对国内投资的挤入效应越弱。根据前面的理论机制，我们预期该系数为正。

(4) 出口额占地区生产总值的比重(eg)。就出口对一个地区的资本形成来讲,发展中国家可以通过出口贸易进行资本积累(沈坤荣、李剑,2003),因此出口与国内投资有一定额关联。由于统计年鉴上只给出以美元为单位的出口额,因此本书将各省(自治区、直辖市)出口额按照当年平均汇率折算成人民币,并与当年的名义地区生产总值相除。数据来自《新中国 60 年统计资料汇编》和 2011 年各省(自治区、直辖市)统计年鉴。

(5) 市场化水平变量。FDI 对国内投资的影响主要通过产业间效应和产业内效应。产业间效应包括前向联系效应(forward linkage effects)和后向联系效应(backward linkage effects)、产业内效应包括竞争效应(competition effects)和示范效应(demonstration effects)。市场的作用在于决定企业"由谁生产""生产什么"和"生产多少"。直观地看,产业间的关联强度将会影响要素供给和中间品提供,将影响"生产什么"和"生产多少",产业内的竞争将淘汰生产成本高的企业或压缩其产量,产生"由谁生产"的作用,产业内的技术外溢提高了模仿者的技术水平,降低了生产成本,使其有能力增加产量和扩张资本,产生"生产多少"的作用。因此一个地区市场化程度将影响 FDI 对国内投资的挤入挤出程度。本部分选取衡量政府与市场的关系、非国有经济发展的两个指标表示市场化水平,具体选择的指标为:

① 政府支出占 GDP 的比重(gov)。该指标衡量了政府与市场的关系,间接反映政府行为对经济运行的影响,政府支出占 GDP 的比重越大,说明政府对经济干预程度越大,反之越小。由于国防支出主要由中央支出,无法在各省(自治区、直辖市)的政府支出中扣除(就全国整体而言也没有公开的准确的国防支出数据),因此本书将政府支出总体数据作为政府消费与同期 GDP 相除。相关数据来自各年份的《中国统计年鉴》。

② 非国有经济单位职工占职工总数的比重(sch)。该指标数值越大,表示非国有经济单位规模在整个经济中的比重越大,市场化水平越高,反之则代表市场化水平越低。1987—2008 年的数据来自《新中国 60 年统计资料汇编》,2009—2012 年的数据根据各省(自治区、直辖市)统计年鉴整理得来,并使省(自治区、直辖市)统计年鉴的统计口径与《新中国 60 年统计资料汇编》统计口径一致[①],同时重庆市的数据并入四川省。

---

① 如重庆市和四川省职工人数从 2008 年开始为全部职工数,包含了私营单位,为了与《新中国 60 年统计资料汇编》口径一致,扣除了其中的私营单位职工数据。

(6) 预期经济增长率(gdp_{t-1})。Agosin 和 Mayer(2000)认为一国投资本质上是实际资本存量向最佳资本存量调整的结果，而最佳资本存量又取决于预期经济增长率和实际产出与潜在产出的差额，进一步，预期经济增长率是滞后一期和滞后两期经济增长率的函数，所以一国投资受过去经济增长的影响。本书也尝试将滞后两期的经济增长率纳入回归模型进行了检验，但是系数不显著，因此我们只选择滞后一期的经济增长率作为预期经济增长率变量。

(7) FDI 与内外资技术差距哑变量的交互项($fdi \cdot dutg$)。如果该交互项系数为正，意味着在不改变其他条件下，内外资技术差距的扩大，引起增大挤入效应或缩小挤出效应。根据命题 6.4，在保持其他条件不变时，内资企业与“高质”外资企业初始技术差距影响着 FDI 的挤入(挤出)效应。由于高质量外资企业初始技术水平影响着外资整体的技术水平，在实证检验部分不再区分高质量外资和整体外资技术水平。

由于 FDI 大量集中于工业，工业行业的内外资技术差距能够充分反映整体地区内外资的技术差距，很多文章都是基于这种思路进行分析(亓朋等，2009；刘忠生等，2009)。本书借鉴此类做法，并采用工业行业中的“全员劳动生产率”这一指标代表技术水平，外资企业全员劳动生产率与内资企业全员劳动生产率的比值代表内外资技术差距(tg)。

在《中国工业经济统计年鉴》上“全员劳动生产率”指规模以上工业企业增加值除以年平均从业人数，由于 1999 年的《中国工业经济统计年鉴》没有出版，导致 1998 年的相关数据缺失严重，因此内外资技术差距的数据起点为 1999 年。1999 年至 2003 年、2005 年至 2007 年的数据来自于《中国工业经济统计年鉴》，2004 年的数据用《中国经济普查年鉴 2004》上的数据代替。同时，2009 至 2013 年的《中国工业经济统计年鉴》不再公布各省(自治区、直辖市)工业企业增加值，这一数据来自于省(自治区、直辖市)统计年鉴或省(自治区、直辖市)统计公报。新疆的 2008 和 2009 两年的数据缺失，以(上期增加值/上期工业总值)乘以本期工业总值近似计算。

由于 fdi 和 $fdi \cdot tg$ 高度相关，相关系数达到 0.89，会影响计量检验的结果，因此对交互项中的 tg 进行了哑变量处理，具体处理方法为：

设 i 省($i=1,2,3,\cdots,28$)，在 t 年度 ($t=1999,\cdots,2010$) 内外资技术差距为 tg_{it}，则 t 年度全国省(自治区、直辖市)均内外资技术差距为 $tg_t = \left[\sum_{i=1}^{28} tg_{it}\right] \Big/ 28$。当 $tg_{it} > tg_t$ 时，则 i 省(自治区、直辖市)在 t 年度内外资技术差距的哑变量 $dutg_{it}$

为 1,否则为 0。

6.3.3 实证检验

我们以固定资产投资占 GDP 比重作为被解释变量进行实证检验。本部分我们最关注的解释变量是 fdi 和 $fdi \cdot h$,如果 fdi 的系数大于 1,说明 FDI 挤入了国内投资,如果 $fdi \cdot h$ 的系数大于 0,说明地区吸收能力能够起到强化外资挤入内资或弱化外资挤出内资的作用。

因为 FDI 可能受一个地区的经济发展水平、固定资产投资等因素影响,而存在内生性的问题,因此本部分对每个回归结果进行了内生性检验(Hausman 检验),以滞后一期的 FDI 占比作为 FDI 占比的工具变量,进行 Hausman 检验,发现所有的 P 值均大于 0.05,说明模型接受了不存在内生性的假设①。

1) FDI 对国内投资挤入效应检验

因东中西部三大地区间差距主导着我国地区收入差距,本部分将主要分析 FDI 对东中西部三大地区国内投资的影响。表 6.2 是 FDI 的国内投资挤入效应回归结果,其中模型(1)、模型(2)和模型(3)是全国数据的回归结果,模型(4)是东部地区回归结果,模型(5)是中部地区回归结果,模型(6)是西部地区回归结果。

模型(1)不包含交叉项和滞后一期的经济增长率,模型(2)引入了滞后一期的经济增长率,我们发现模型(1)中的 FDI 系数比较大,而模型(2)中的 FDI 系数明显下降,说明模型(1)遗漏了预期经济增长率这一重要变量,从而高估了 FDI 对国内投资的作用,因此在后面的回归方程里均加入了预期经济增长率变量。根据命题 6.5,吸收能力将会影响到 FDI 挤入的效果,我们用人力资本反映吸收能力,在模型(3)中加入了人力资本与 FDI 的交互项变量②,该变量系数显著为正,即一个地区人力资本水平将影响 FDI 对国内投资的挤入效果,印证了命题 6.5 的正确性。

我们利用模型(3)分析 FDI 对我国国内投资的影响。结果表明,FDI 显著挤入了国内投资,这一结论与大多数研究结论相似,不过由于我们加入了吸收能力交叉项,使得结果更具说服力。同时交通条件的改善也将有利于国内投资,这个结果不

---

① 表 6.2 中的 Hausman 检验是针对选择固定效应还是随机效应的,Hausman 内生性检验的 P 值没有列出,下同。

② 我们没有将吸收能力作为单独的解释变量,因为根据我们的理论模型,吸收能力只是一个间接变量,它不能直接影响国内投资,必须通过与 FDI 结合,将"高质"外资企业的技术吸收到内资企业,进而降低内资企业的生产成本,将节约的资金用于资本积累。

仅反映了交通条件改善是投资增加的结果，还说明交通环境的改善进一步促进投资。政府支出占比显著为正，而且系数较大，表明我国政府支出的带动效应非常大。市场化水平与国内投资关系相反，可能反映了民营化进程的深入对国有投资有抑制作用(罗长远，2007)。对外贸易的发展对国内投资有负作用，这一点与罗长远(2007)的结论相似。

就东中西部三大地区来讲，FDI 均产生了挤入作用。东部地区的人力资本平均值为 0.010，中部地区为 0.008，西部地区为 0.006。因此东部地区 FDI 挤入效果的总效应[①]为 1.962，即 FDI 占比增加 1%，将引起东部总投资增加 1.962%，国内投资占比增加 0.962%；中部地区 FDI 挤入效果的总效应为 4.164，即 FDI 占比增加 1%，将引起中部总投资增加 4.164%，国内投资占比增加 3.164%；西部地区 FDI 挤入效果的总效应为 1.705[②]，即 FDI 占比增加 1%，将引起西部总投资增加 1.705%，国内投资占比增加 0.705%。由此得出 FDI 的挤入效应最大的为中部地区，其次为东部地区，然后是西部地区。

交通条件的改善对国内投资作用最大的为西部地区，说明西部地区交通条件的改善潜力很大，还有待进一步提高。场化进程的作用在东部显著为负，这与全国数据回归结果相似，可能预示着东部地区民营化进程影响到了国有投资(罗长远，2007)，而中部地区和西部地区该变量系数值不显著，表明这两个地区民营化进程没有冲击到国有企业投资。

表 6.2　FDI 的国内投资挤入效应检验：1987—2012 年(被解释变量为 *id*)

解释变量	(1)	(2)	(3)	(4)	(5)	(6)
fdi	2.230*** (0.167)	1.734*** (0.184)	1.412*** (0.193)	0.919*** (0.218)	1.236* (0.704)	0.241 (0.710)
road	0.163*** (0.025)	0.165*** (0.023)	0.152*** (0.023)	0.130*** (0.033)	0.122*** (0.035)	0.156*** (0.056)
gov	2.167*** (0.117)	2.087*** (0.113)	2.105*** (0.112)	1.486*** (0.268)	2.419*** (0.284)	0.821*** (0.151)
sch	0.047 (0.068)	0.007 (0.068)	−0.105 (0.068)	−0.260*** (0.093)	−0.163 (0.123)	1.006 (0.136)

① 即 FDI、FDI 与吸收能力交互项作用的加总，其中交互项的作用为其系数与吸收能力平均值的乘积。数值结果根据《新中国 60 年统计资料汇编》和 2013 年各省(自治区、直辖市)统计年鉴整理。

② 由于西部 FDI 系数不显著，在计算总效应时，系数 0.241 未计算在内。

续表 6.2

解释变量	(1)	(2)	(3)	(4)	(5)	(6)
eg	−0.134*** (0.024)	−0.172*** (0.026)	−0.185*** (0.026)	−0.122*** (0.027)	−0.256 (0.173)	−0.196 (0.162)
gdp_{t-1}		0.947*** (0.106)	0.896*** (0.105)	0.557*** (0.153)	0.653*** (0.162)	0.737*** (0.162)
$fdi \cdot h$			85.736*** (17.57)	104.30*** (19.06)	386.31*** (56.28)	293.98*** (91.10)
常数项	−0.013*** (0.019)	−0.064*** (0.019)	−0.032 (0.019)	0.154 (0.036)	−0.056 (0.039)	−0.064** (0.027)
R^2	0.624 7	0.687 4	0.698 6	0.504 4	0.881 7	0.850 7
F 检验值	231.41	233.81	210.97	35.77	188.48	162.81
Hausman 检验(P 值)	0.000 0	0.001 9	0.000 0	0.001 0	0.000 0	0.000 0
估计方法	FE	FE	FE	FE	FE	FE
备注	全国	全国	全国	东部	中部	西部

注:(1) 括号中的数值为标准误差,***、**、* 分别表示在 1%、5%和 10%水平下显著。

(2) Hausman 检验的原假设为“不可观察的代表个体异质性的随机变量与解释变量不相关”,如果拒绝原假设,则认为使用固定效应(FE)比随机效应(RE)更有效。

2) 地区间 FDI 挤入效应差异解析

(1) 内外资技术差距不同

根据命题 6.4,内外资技术差距将影响 FDI 挤入国内投资的效果,因此我们就内外资技术差距在三大地区的差异,分析其对 FDI 挤入效果造成的影响。为了实证检验命题 6.4,我们选取 1999—2010 年这一时间段进行检验[①],具体检验结果见表 6.3。就全国来讲,内外资技术差距对国内投资的影响为负,但不显著。就三大地区来讲,对中部地区的国内投资的影响显著为正,对东部地区国内投资的影响为负,但不显著,对西部地区国内投资的影响为正,但不显著。

① 时间段选取理由已在本章变量及数据说明中详述。

表 6.3　FDI 的国内投资挤入效应检验：1999—2010 年(被解释变量为 *id*)

解释变量	(1)	(2)	(3)	(4)
fdi	2.200*** (0.392)	1.262*** (0.435)	4.265*** (1.128)	−0.499 (1.593)
road	0.107** (0.025)	0.095*** (0.034)	0.012 (0.041)	0.113* (0.065)
gov	1.929*** (0.145)	1.973*** (0.313)	3.927*** (0.398)	1.134*** (0.199)
sch	0.226** (0.095)	0.091 (0.142)	0.276* (0.155)	1.035 (0.142)
eg	−0.034*** (0.042)	−0.305*** (0.044)	−0.439 (0.281)	−0.677*** (0.219)
gdp_{t-1}	1.562*** (0.167)	2.486*** (0.311)	0.063** (0.304)	0.904*** (0.227)
fdi · *tgy*	−0.007 (0.372)	−0.493 (0.389)	4.397*** (1.260)	0.377 (1.256)
常数项	−0.116*** (0.031)	−0.042** (0.058)	−0.365** (0.045)	−0.050 (0.039)
R^2	0.729 3	0.639 2	0.880 5	0.804 8
F 检验值	137.42	34.41	102.13	64.77
Hausman 检验(P 值)	0.000 0	0.000 0	0.000 0	0.000 0
估计方法	FE	FE	FE	FE

注：(1) 括号中的数值为标准误差，***、**、* 分别表示在 1%、5%和 10%水平下显著。
(2) Hausman 检验的原假设为“不可观察的代表个体异质性的随机变量与解释变量不相关”，如果拒绝原假设，则认为使用固定效应(FE)比随机效应(RE)更有效。
(3) 模型(1)为全国数据检验结果，模型(2)、(3)、(4)分别为东中西部数据检验结果。

为了进一步分析造成这种结果的可能原因，我们在表 6.4 中列出了三大地区内外技术差距和全国平均差距的数据，数据显示我国中部地区的内外资技术差距在所有年份都为最高，西部次之，技术差距最小的是东部地区。因此说明命题 6.4 的合理性，同时说明技术差距对 FDI 挤入效果的影响存在门槛效应，技术差距产生外溢效应需要内外资技术差距达到一定程度，过低的技术差距不会产生外溢效应。这一结果与张建华和欧阳轶雯(2003)采用工业部门数据分析的结果类似，在该文中内外技术差距较高的分组的外溢效应显著，而内外资技术差距较低的分组外溢效应不显著。该结果的政策含义很明显，即地方政府在招商引资时，应该考虑 FDI

的质量，引进综合实力较强的外资企业。

表 6.4 中国三大地区内外资技术差距(1999—2010 年)

年份	全国	东部	中部	西部
1999	1.821	1.488	2.285	2.002
2000	1.754	1.471	2.302	1.864
2001	1.635	1.350	2.133	1.711
2002	1.642	1.301	2.079	1.828
2003	1.557	1.251	1.971	1.591
2004	1.026	1.156	1.628	1.098
2005	1.257	1.116	1.454	1.161
2006	1.213	1.083	1.397	1.163
2007	1.164	1.051	1.310	1.048
2008	1.185	1.078	1.345	1.058
2009	1.177	1.064	1.380	1.046
2010	1.120	1.033	1.224	1.033

数据来源：原始数据来自于相关年份《中国工业经济年鉴》《中国经济普查年鉴 2004》及各省(自治区、直辖市)相关年份“国民经济和社会发展统计公报”。

(2) FDI 投资产业分布差异

行业发展程度将影响到 FDI 的挤入程度，一般来讲，FDI 对制造业多呈挤入效应，而对服务业多呈挤出效应，FDI 大多流入我国的制造业(罗长远，2007)。以 2002—2012 年十年间的 FDI 流入为例，流入东部地区和中部地区制造业行业的比重分别为 57.1%和 57%(具体数据见第三章表 3.4)，而流入西部地区制造业行业的比重仅为 31.5%，因此流入中部和东部的 FDI 更能促进产业间和产业上下游的投资，而西部地区这种关联作用较小，甚至还会产生挤出效应。

6.4 FDI 通过挤入国内投资影响经济增长

在 6.3 节，我们以理论模型为基础，建立了 FDI 挤入国内投资模型，实证检验结果表明，FDI 挤入了东部、中部和西部地区的国内投资。

那么 FDI 通过挤入国内投资对三大地区经济增长产生多大的贡献？本节我们通过构建国内投资影响经济增长的回归模型，再结合 6.3 节的结果，估计 FDI 通过国内投资对经济增长的间接贡献。

根据已有理论，我们构建回归方程(6.30)

$$\ln y_{i,t} = \beta + \beta_1 \cdot id_{i,t} + \beta_2 \ln y_{i,t-1} + \sum_{k=3}^{n} \beta_k X_{k,t} + u_i + \varepsilon_{i,t} \tag{6.30}$$

$\ln y_{i,t}$为 i 地区在时期 t 的人均实际 GDP 的自然对数，$id_{i,t}$为 i 地区在时期 t 的固定资产投资占 GDP 的比重，$\ln y_{i,t-1}$为 i 地区在 $t-1$ 时期的人均实际 GDP 的自然对数，$X_{k,t}$ 表示其他解释变量及交互项，包括人力资本存量($h_{i,t}$)、政府支出占 GDP 的比重(gov)、非国有经济单位职工占总职工人数的比重(sch)、出口额占 GDP 的比重($ie_{i,t}$)。u_i 表示未观测到的地区个体效应。

基于回归方程(6.30)的实证检验结果见表 6.5。我们首先使用 Hausman 检验方法确定回归的方法(即使用固定效应模型还是随机效应模型)。东部地区在 5%显著水平下接受随机效应，从回归结果来看，使用随机效应对东部地区数据回归，总体效果确实比使用固定效应好，比如出口占比和市场化水平均通过检验。对中部和西部地区数据检验结果表明使用固定效应合适。另外，无论使用哪一种估计方法，拟合系数均在 0.99 以上，说明回归方程拟合程度较好。

表 6.5　国内投资与经济增长(被解释变量为经济增长率)

解释变量	东部		中部		西部	
	(1)FE	(2) RE	(3) FE	(4) RE	(5) FE	(6) RE
id	0.169*** (0.030)	0.154*** (0.028)	0.078*** (0.029)	0.076*** (0.027)	0.145*** (0.037)	0.102*** (0.032)
$\ln y_{t-1}$	0.934*** (0.011)	0.966*** (0.007)	1.000*** (0.112)	1.006*** (0.009)	0.979*** (0.012)	0.992*** (0.007)
eg	0.015 (0.015)	0.027** (0.013)	0.195** (0.075)	0.185** (0.075)	0.065 (0.069)	0.042 (0.067)
sch	0.018 (0.041)	0.080*** (0.023)	−0.092* (0.053)	−0.048 (0.037)	0.043 (0.057)	−0.170*** (0.057)
gov	−0.677*** (0.170)	−0.654*** (0.145)	−0.596*** (0.149)	−0.563*** (0.124)	−0.231*** (0.063)	−0.220*** (0.058)
h	2.885*** (0.845)	1.996*** (0.950)	3.861** (1.249)	2.660*** (1.005)	3.854 (1.046)	2.239*** (0.800)
常数项	0.508*** (0.092)	0.404*** (0.064)	−0.087 (0.099)	0.017 (0.079)	0.205** (0.102)	0.256*** (0.082)
R^2	0.997 3	0.997 2	0.998 0	0.997 8	0.997 7	0.997 7
Hausman 检验	0.088 5		0.023 0		0.049 9	

注：(1) 括号中的数值为标准误差，***、**、* 分别表示在 1%、5%和 10%水平下显著。
(2) Hausman 检验的原假设为“不可观察的代表个体异质性的随机变量与解释变量不相关”，如果拒绝原假设，则认为使用固定效应(FE)比随机效应(RE)更有效。

全社会固定资产投资对三大地区经济增长的作用分别为：东部 0.154、中部 0.078、西部 0.145[①]。结合回归方程(6.29)和回归方程(6.30)，可以得到因挤入国内投资而使经济增长上升的数值：

$$\Delta \ln y = (\alpha_1 - 1) \cdot \beta_1 \Delta fdi \tag{6.31}$$

(α_1-1)是 FDI 挤入国内投资的系数，β_1 是国内投资影响经济增长率的系数，Δfdi 是 FDI 占比增加值，结合 6.3 节 FDI 挤入的实证结果，我们可以得出 FDI 通过挤入国内投资间接促进经济增长贡献，具体结果见表 6.6。

东部地区 FDI 挤入效果的总效应为 1.962，即 FDI 占比增加 1%，带动国内投资占比增加 0.962%，中部地区 FDI 挤入效果的总效应为 4.164，即 FDI 占比增加 1%。带动国内投资占比增加 3.164%，西部地区 FDI 挤入效果的总效应为 1.705，即 FDI 占比增加 1%，带动国内投资占比增加 0.705%。

根据式(6.31)我们可以得到，东部地区 FDI 占比增长 1%，将因挤入国内投资而使经济增长增加 0.018%，中部地区 FDI 占比增长 1%，将因挤入国内投资而使经济增长上升 0.021%，西部地区 FDI 占比增长 1%，将因挤入国内投资而使经济增长上升 0.003%。

表 6.6　FDI 挤入效应对经济增长贡献的地区差异

地区	α_1-1	β_1	$(\alpha_1-1)\beta_1$	FDI 占比增加值(年均，%)	FDI 贡献(%)	年均实际经济增长率(%)	FDI 资本挤入贡献占比(%)
东部	0.962	0.154	0.148	0.123	0.018	10.15	0.180
中部	3.164	0.078	0.246	0.086	0.021	9.18	0.231
西部	0.705	0.145	0.102	0.028	0.003	8.71	0.003

注：系数(α_1-1)为 FDI 挤入挤出系数；系数 β_1 为国内投资影响经济增长率系数。FDI 贡献指$(\alpha_1-1)\cdot\beta\cdot\Delta fdi$。

以上是关于 FDI 对经济增长的边际贡献分析，但由于地区之间经济发展基础不同，FDI 占 GDP 的比重也不相同，边际贡献分析不能反映 FDI 对一个地区的经济增长贡献，我们在表 6.6 给出了三个地区在 1987—2012 年间的 FDI 占比的年均增加值(第五列)，东部最高为 0.123%，中部为 0.086%，西部为 0.028%。东部地区人均实际 GDP 在此期间的平均增长率为 10.15%，中部地区为 9.18%，西部地区为 8.71%。因此得出三大地区因 FDI 挤入效应，拉动经济增长分别为0.018%、0.021%和 0.003%，对东中西部经济增长率的贡献分别为 0.18%、0.231%和 0.003%。

---

① 就全国来讲，固定资产投资对经济增长的作用为 0.148(因本部分主要考察固定资产投资对三大地区经济增长的影响，该结果未列出)，这一结果与罗长远(2006)的估算结果相似，该文认为全社会固定资产投资显著地促进了经济增长，它在 GDP 中每提高 1%，可使人均实际 GDP 平均增长 0.23%。

6.5 本章小结

本章借鉴程培堽(2009)的思想，以 FDI 企业“异质性”为基础，引入影响资本挤入效果的吸收能力、技术差距等东道国因素，建立 FDI 挤入挤出的理论模型，并利用 1987—2012 年中国省(自治区、直辖市)面板数据，进行了经验检验。

(1) 本章的理论分析表明，当假定所有外资企业都存在外溢效应时，由于外资企业的外溢效应存在极限值，当外资企业达到一定数量时，外资企业的市场攫取效应将超过外溢效应，说明 FDI 对内资企业资本存量存在从挤入到挤出的临界点。

(2) 本章的理论分析表明，当“低质”外资企业达到一定数量时，FDI 对内资企业的投资只会产生挤出效应，而不会产生挤入效应，说明政府引入“高质量”FDI 的重要性。

(3) 本章对 FDI 挤入理论模型进行了比较静态分析，发现内外资初始技术差距与 FDI 资本挤入效应呈正比关系，即内外资企业初始技术差距越大，FDI 挤出效应越弱，挤入效应越强，反之则相反。内资企业吸收能力与 FDI 资本挤入效应呈正比关系，即吸收能力越强，FDI 挤出效应越弱，挤入效应越强，反之则相反。

(4) 本章 6.3 节利用省(自治区、直辖市)面板数据进行了实证检验。实证检验结果表明，FDI 对我国三大地区的国内投资均存在挤入效应。东部地区 FDI 挤入效果的总效应为 1.962，即 FDI 占比增加 1%，带动国内投资占比增加 0.962%，中部地区 FDI 挤入效果的总效应为 4.164，即 FDI 占比增加 1%。带动国内投资占比增加3.164%，西部地区 FDI 挤入效果的总效应为 1.705，即 FDI 占比增加 1%，带动国内投资占比增加 0.705%。之所以呈现出中、东、西部的排序，可能的原因是各地区内外资技术差距和 FDI 产业分布存在差异。同时，为了检验内外技术差距与 FDI 挤入效应的关系，我们利用 1999—2010 年间的数据进行了检验，检验结果表明，内外资初始技术差距与国内投资挤入效应的关系在中部显著，在东部和西部不显著，说明内外资技术差距是否有利于国内投资挤入存在“临界值”。

(5) 本章 6.4 节构建了国内投资影响经济增长的理论模型，实证结果表明，国内投资显著影响着经济增长，从边际贡献来讲，对东部影响最大，然后是西部和中部。进一步，我们得到 FDI 挤入国内投资对经济增长的贡献。东部地区 FDI 占比增长 1%，将因挤入国内投资而使经济增长增加 0.018%，中部地区 FDI 占比增长 1%，将因挤入国内投资而使经济增长上升 0.021%，西部地区 FDI 占比增长 1%，将因挤入国内投资而使经济增长上升 0.003%。FDI 通过挤入国内资本对东中部的经济增长产生了一定程度的贡献，但对西部地区经济增长的贡献不大，因此 FDI 通过挤入国内资本间接扩大了三大地区间的收入差距，从而扩大了省(自治区、直辖市)间的收入差距。

第七章 FDI 产业集聚效应与中国地区收入差距

改革开放之后，我国经济迅速发展，同时地区收入差距在经历短暂下降后不断上升，这一趋势到 2005 年前后才有所缓解。与此同时，以工业为代表的第二产业不断向东部集聚，工业的高度集聚已成为影响中国地区收入差距的重要因素。

影响产业集聚的因素很多，包括区域效应、集聚效应、空间成本、劳动力成本、消费多样化、人力资本优势等。区域效应又称第一优势，指因一个地区具有一定程度的要素禀赋优势，比如独特的自然资源、高质量的人力资本、优越的地理位置，使得产业不断集聚。区域效应从一定程度上解释了区域产业集聚的成因，但无法解释为什么地理位置接近、自然资源禀赋相似的地区产业结构存在巨大差异。相对区域效应理论，集聚效应理论对产业集聚的解释更具说服力。集聚效应又称第二优势，指企业可以获得集聚产生的外部收益，具体可以分为技术外部性（包括第一类技术外部性和第二类技术外部性）和货币外部性。随着产业的不断集聚，行业内的企业通过竞争、模仿和学习以及员工的流动促进了技术的外溢，产生所谓的第一类技术外部性。产业的集聚促进了行业间的交易，交易双方为了提高产品的质量和降低成本，产生所谓的第二类技术外部性。产业集聚除了影响集聚企业的技术水平之外，还扩大了市场规模，降低了集聚企业的生产成本，从而产生所谓的货币外部性。

产业的集聚效应的大小取决于集聚企业的规模、技术水平、产业关联程度，即集聚企业产生的外部性强度将影响产业的集聚。由于外资企业与内资企业相比具有更为先进的技术、广阔的国际市场，会产生更强的外部性，因此 FDI 对东道国产业集聚影响被广泛研究，然而多数实证研究基于中微观视角，缺乏宏观层面的研究，本章基于新经济地理学的相关理论，使用省（自治区、直辖市）面板数据探讨

FDI 集聚对我国产业集聚的影响，进而检验 FDI 产业集聚对我国地区收入差距的影响。

7.1　中国工业地区集聚的事实性描述

描述工业集聚的方法很多，比如空间基尼系数、变异系数、集中度、工业地区生产总值份额等，由于本书的研究偏宏观，因此以工业地区生产总值份额进行描述[①]。表 7.1 列出了 1987 年、2000 年和 2012 年各省（自治区、直辖市）的工业地区生产总值占全国工业 GDP 的份额。

在 1987 年，排在前十位的省（自治区、直辖市）中七个为东部省（自治区、直辖市），前六位的江苏、辽宁、山东、上海、广东和浙江均为东部省（自治区、直辖市），其中江苏和辽宁的工业地区生产总值份额都超过了 8%。在 2000 年，排在前十位的省（自治区、直辖市）中仍然有七个省（自治区、直辖市）属东部，前六位的广东、江苏、山东、浙江、河北和辽宁均为东部省（自治区、直辖市），其中广东和江苏的工业地区生产总值份额超过了 10%，表明中国工业进一步向东部沿海城市集聚，与中国地区收入差距的不断扩大趋势相吻合。在 2012 年，工业地区生产总值份额的分布与 1987 年和 2000 年相比出现了变化，首先从排在前十位的省（自治区、直辖市）来看，东部省（自治区、直辖市）为六个，减少了一个，西部的四川和中部的河南进入了前六位，广东和江苏的份额相比 2000 年也有所下降，表明中国工业集聚趋势有所改变。

表 7.1　各省（自治区、直辖市）工业地区生产总值占全国工业 GDP 份额（%）

地区	1987 年	2000 年	2012 年	地区	1987 年	2000 年	2012 年
北京	3.396	2.195	1.318	安徽	2.980	2.302	3.211
天津	2.748	2.044	2.450	江西	1.743	1.414	2.332
河北	5.086	5.725	5.006	河南	4.302	5.201	6.008
辽宁	8.254	5.499	4.643	湖北	4.344	3.233	3.895
上海	7.396	5.198	2.840	湖南	3.310	2.847	3.656
江苏	9.741	10.007	9.565	内蒙古	1.280	1.259	3.095
浙江	5.487	7.660	6.136	广西	1.559	1.592	2.112
福建	1.817	3.699	3.417	云南	5.387	4.334	6.214

① 文玫（2004）、金煜等（2006）也采用该指标进行了统计描述和实证研究。另外，由于统计年鉴分省（自治区、直辖市）工业地区生产总值加总数值在 2004 年以后远高于全国工业 GDP 数值，因此本书的全国工业 GDP 数据是各省（自治区、直辖市）工业地区生产总值的加总。

续表 7.1

地区	1987 年	2000 年	2012 年	地区	1987 年	2000 年	2012 年
山东	7.501	9.532	9.121	四川	1.097	0.855	0.887
广东	6.016	11.605	10.326	贵州	1.611	1.831	1.381
海南	0.170	0.183	0.208	陕西	1.988	1.638	2.739
山西	2.595	1.947	2.410	甘肃	1.280	0.852	0.828
吉林	2.714	1.705	2.233	宁夏	0.273	0.251	0.352
黑龙江	5.096	4.073	2.097	新疆	0.905	1.089	1.140

资料来源:《中国统计年鉴》(1989、2001、2012 年)。

为了对中国工业 GDP 省(自治区、直辖市)分布有更加清晰的认识,我们在图 7.1[①] 中列出了中国东部、中部和西部在 1987—2012 年间的工业地区生产总值份额变动情况。东部工业地区生产总值份额在 2003 年达到顶峰,自此以后不断下降,基本呈现倒 U 型变动,这种变动趋势与中国地区收入差距变动趋势相一致,而中部和西部的变动呈现 U 型变动。

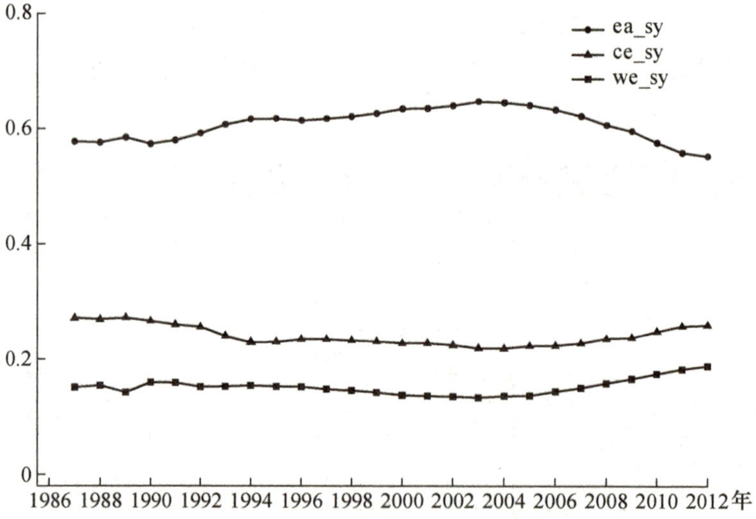

图 7.1　中国东部、中部和西部工业地区生产总值份额

注:ea_sy 表示东部工业地区生产总值占全国工业 GDP 份额,ce_sy 表示中部工业地区生产总值占全国工业 GDP 份额,we_sy 表示西部工业地区生产总值占全国工业 GDP 份额。

① 资料来源:原始数据来自于相关年份《中国统计年鉴》。

在各省(自治区、直辖市)工业内部,FDI的参与度也呈现出了东部高、中西部低的特征。表7.2是2011年各省(自治区、直辖市)FDI企业工业产值、资产和就业占地区工业企业相关指标的比重。我们发现无论是产值参与度、资产参与度还是就业参与度,排在前7位的均为东部省、直辖市,分别为上海、广东、福建、海南、天津、北京、江苏。

三大地区的产值参与度分别为:东部34.3%、中部12%、西部9.9%。三大地区的资产参与度分别为:东部33%、中部11.8%、西部8.5%。三大地区的就业参与度分别为:东部38.6%、中部11%、西部8.5%。从FDI在工业内部的分布看,FDI在东部地区的集聚推动了该地区的工业集聚,而中部和西部地区的发展主要靠内资企业,工业集聚程度较低,久而久之导致东部和中西部地区的经济竞争力差距不断扩大,推动了地区差距的扩大。

表7.2　2011年各省(自治区、直辖市)FDI工业参与度

地区	产值参与度	资产参与度	就业参与度	地区	产值参与度	资产参与度	就业参与度
北京	0.395	0.198	0.335	安徽	0.133	0.110	0.111
天津	0.412	0.356	0.436	江西	0.160	0.184	0.220
河北	0.139	0.172	0.136	河南	0.074	0.088	0.084
辽宁	0.183	0.197	0.177	湖北	0.188	0.193	0.151
上海	0.612	0.501	0.598	湖南	0.068	0.072	0.078
江苏	0.400	0.415	0.417	内蒙古	0.078	0.083	0.060
浙江	0.270	0.275	0.281	广西	0.183	0.208	0.162
福建	0.462	0.461	0.483	云南	0.133	0.110	0.101
山东	0.159	0.160	0.176	四川	0.036	0.040	0.033
广东	0.519	0.487	0.587	贵州	0.053	0.051	0.053
海南	0.476	0.374	0.263	陕西	0.083	0.051	0.072
山西	0.057	0.065	0.073	甘肃	0.018	0.030	0.024
吉林	0.236	0.181	0.102	宁夏	0.051	0.066	0.051
黑龙江	0.083	0.102	0.102	新疆	0.021	0.018	0.030

资料来源:《中国统计年鉴》(2012年)。

7.2 研究假说

产业的集聚受集聚外部效应影响(杨宝良,2003)。由于 FDI 在技术水平、管理经验、国际销售网络等方面优于内资企业,会产生一定的产业关联效应和技术溢出效应,因此从理论上 FDI 区域集聚会促进该区域产业集聚。

自改革开放之后,FDI 大量涌入中国东部沿海地区,多年来形成了中国省(自治区、直辖市)之间的不均衡分布,与之相对应,中国工业在中国省(自治区、直辖市)之间也呈不均衡分布,很多证据表明工业集聚在东部沿海地区。图 7.2[①] 描述了 1987—2012 年间,省(自治区、直辖市)FDI 份额与省(自治区、直辖市)工业地区生产总值份额之间的关系,通过拟合二者之间的关系,可以看出二者之间存在明显正向关系。

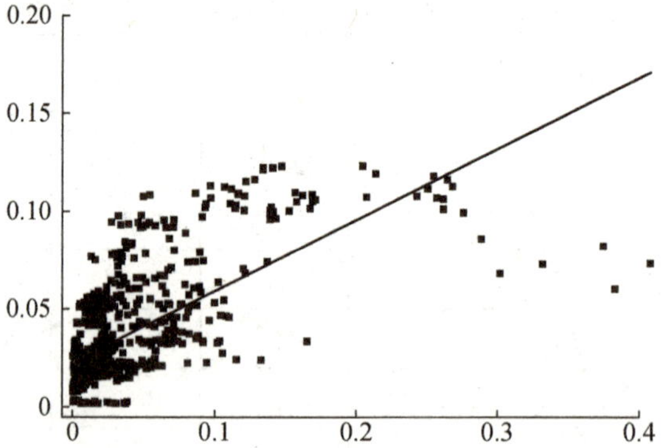

图 7.2 省(自治区、直辖市)FDI 份额与省(自治区、直辖市)工业地区生产总值份额关系

据此我们提出假说 7.1:

假说 7.1:FDI 的地区集聚推动了中国工业的地区集聚。

以 Krugman 为代表的新经济地理学认为,一些偶然的原因造成产业的初步集聚,这种集聚会带来产品品种的增加和工人数量的增加,从而进一步推动产业的集聚(陈良文、杨开忠,2006)。据此我们提出假说 7.2:

假说 7.2:地区消费多样性的相对优势,将有利于工业的集聚。

产业集聚除了受消费行为影响之外,还受到生产行为的影响,在产业集聚的决定因素中,知识溢出被广泛关注,Marshall(1920)将集聚产生的原因分为知识溢

① 根据《新中国 60 年统计资料汇编》以及相关年份各省(自治区、直辖市)统计年鉴计算。

出、劳动力市场发育和投入共享(路江涌、陶志刚,2007)。据此我们提出假说 7.3:

假说 7.3:地区人力资本的相对优势,将有利于工业的集聚。

除了上面所说的之外,空间成本也会影响到产业的集聚,但产业集聚程度与空间成本的关系是不确定的(何雄浪等,2007)。正如文玫(2004)提到的:运输成本下降既会产生集中效应又会产生分散效应。但因为本书使用的是省(自治区、直辖市)的数据进行度量,中国的省(自治区、直辖市)地域广阔,一个省(自治区、直辖市)的交通运输条件的改善带来的集中效应不会小于分散效应。据此我们提出假说 7.4:

假说 7.4:地区交通运输条件的相对优势将有利于工业的集聚。

地区劳动力成本对产业集聚会产生影响,比如 FDI 大量流入中国的原因之一是看中中国劳动力的低成本,然而从中国地区间的劳动力流动、劳动力成本和产业集聚的现实情况看,地区劳动力成本的高低似乎与产业集聚成正比,即区域间的工资的差异还没有显著到抵消厂商聚集的好处(文玫,2004),据此我们提出假说 7.5:

假说 7.5:地区劳动力成本高低对地区工业集聚影响不明显。

7.3 变量说明与实证检验

根据 7.2 节中的假说,我们设计回归模型,如下:

$$sy_{i,t}=c+c_1\cdot fdi_{i,t}+c_2\cdot road_{i,t}+c_3wage_{i,t}+c_4\cdot h_{i,t}+$$
$$c_5exg_{i,t}+c_6\cdot l_{i,t}+u_i+\varepsilon_{i,t} \tag{7.1}$$

其中,$sy_{i,t}$表示省(自治区、直辖市)i 在时期 t 的工业地区生产总值占全国的份额,用来度量工业在某一个省(自治区、直辖市)的集聚程度。$fdi_{i,t}$表示省(自治区、直辖市)i 在时期 t 的 FDI 占全国 FDI 的比重,这是本书的核心解释变量,$road_{i,t}$表示省(自治区、直辖市)i 在时期 t 的公路里程占全国公路里程的比重,$wage_{i,t}$表示省(自治区、直辖市)i 在时期 t 的平均工资与全国平均工资之比,用来度量省(自治区、直辖市)劳动成本的相对优势。$h_{i,t}$表示省(自治区、直辖市)i 在时期 t 的普通高等学校在校人数与总人口的比值与全国均值的比值,用来度量省(自治区、直辖市)的人力资本的相对优势。$exg_{i,t}$表示省(自治区、直辖市)i 在时期 t 的出口占 GDP 比重与全国平均值的比值,用来度量省(自治区、直辖市)的信息获得等方面的相对优势。$l_{i,t}$表示省(自治区、直辖市)i 在时期 t 的人口数占全国人口数的比重,用来度量省(自治区、直辖市)消费多样性及消费需求的相对优势。地理位置显然是影响产业集聚的重要变量，本书按照东中西部进行了划分，$D1$ 为东部虚拟变量，$D2$ 为中部虚拟变量。另外相对经济开放程度也会影响工业的集聚（金煜，2006），我们采用省（自治区、直辖市）出口贸易占 GDP 比重与全国均值的比值度量，u_i 表示未观测到的地区个体效应。以上数据来自《新中国 60 年统计资料汇编》和 2013 年各省（自治区、直辖市）统计年鉴。实证检验的结果见表 7.3。

表 7.3　FDI 非均衡分布与工业地区集聚（被解释变量为工业地区生产总值份额）

解释变量	(1)	(2)	(3)	(4)	(5)	(6)
$fdi_{i,t}$	0.006 (0.011)	0.159 (0.010)	0.028* (0.016)	0.041*** (0.014)	0.024 (0.016)	0.037*** (0.014)
$wage_{i,t}$	0.020*** (0.003)	0.019*** (0.002)	0.019*** (0.003)	0.017*** (0.002)	0.025*** (0.003)	0.022*** (0.002)
$road_{i,t}$	0.148*** (0.031)	0.141*** (0.032)	0.148*** (0.030)	0.142** (0.031)	0.136*** (0.030)	0.132** (0.031)
$h_{i,t}$	0.009*** (0.001)	0.008*** (0.001)	0.008*** (0.001)	0.007*** (0.001)	0.008*** (0.001)	0.008*** (0.001)
$exg_{i,t}$	−0.004*** (0.001)	−0.004*** (0.001)	−0.006*** (0.001)	−0.005*** (0.001)	−0.006*** (0.001)	−0.005*** (0.001)
$l_{i,t}$	0.902*** (0.121)	0.940*** (0.071)	0.862*** (0.128)	0.920*** (0.072)	0.893*** (0.128)	0.947*** (0.073)
$D1$		0.027*** (0.004)		0.028*** (0.004)		0.026*** (0.004)
$D2$		0.003 (0.005)		0.003 (0.005)		0.002 (0.005)
常数项	−0.029*** (0.005)	−0.039*** (0.005)	−0.025*** (0.006)	−0.037*** (0.005)	−0.026*** (0.006)	−0.042*** (0.005)
R^2	0.314 3	0.719 0	0.308 4	0.734 0	0.302 7	0.724 3
卡方值	−12.18		−24.08		−40.83	
Hausman 检验 P 值 (IVFE 和 FE)			0.000	0.000	0.000	0.000
备注	FE	RE	IV-FE	IV-RE	IV-FE	IV-RE

注：(1) 括号中的数值为标准误差，***、**、* 分别表示在 1%、5%和 10%水平下显著。

(2) RE 为随机效应估计，FE 为固定效应估计，IV-RE 为工具变量法随机效应估计，FE 工具变量法固定效应估计。模型(3)和模型(4)工具变量为滞后一期的 FDI 份额，模型(5)和模型(6)的工具变量为滞后一期 $fdi_{i,t}$ 和滞后一期 $wage_{i,t}$。

模型(1)是固定效应模型,模型(2)是包含了东中部地区虚拟变量的随机效应模型,至于采用何种模型,我们采用了 Hausman 检验,发现 Hausman 检验值达到 －12.18,认为采用随机效应模型合适。由于 FDI 作为模型的解释变量可能存在内生性,我们在模型(3)和模型(4)中使用滞后一期的 $fdi_{i,t}$ 作为工具变量进行了估计,同样用 Hausman 检验方法进行了检验,结果显示应该采用随机效应模型。另外 IV 回归与不用 IV 回归的变量的系数具有系统性差别,即认为使用 IV 回归更有效。

因为相对工资水平也可能存在内生性,即地区的工业发展的越好,相对工资越高,因此在模型(5)和模型(6)中我们使用了滞后一期的 $fdi_{i,t}$ 和滞后一期的 $wage_{i,t}$ 作为工具变量进行了回归。模型(5)采用了 IV-FE 方法进行了估计,Hausman 检验支持随机效应模型,模型(6)采用了 IV-RE 方法进行了估计,Hausman 检验支持采用 IV 方法回归,且拟合优度尚可,达到 0.724 3。根据六个模型的回归结果,我们认为模型(6)的结果较好,下面的分析将以模型(6)为基础进行。

模型(6)的结果表明,省(自治区、直辖市)FDI 份额的系数为 0.037,在 1%水平下显著,意味着省(自治区、直辖市)FDI 份额增加 1%,将使省(自治区、直辖市)工业份额增加 0.037%,与假说 7.1 相符合,表明 FDI 的非均衡分布是造成工业大量集聚在东部沿海城市的原因之一。

即便控制了劳动力成本的内生性,劳动力成本对产业集聚的影响仍然为正,与假说 7.5 相符合,可能的原因是劳动力成本带来的生产成本压力没有抵消产业集聚带来的好处,所以我们不能指望中西部地区靠低劳动力成本形成产业集聚。空间成本显著影响着产业集聚,空间成本越小,越有利于产业集聚,虽然空间成本的降低会使得产业向其他地区转移变得容易,但是我国地域广阔,省(自治区、直辖市)之间的交通等基础设施差距很大,导致交通条件改善的集中效应大于分散效应。人力资本作为技术外溢的重要渠道,为集聚的形成和扩大提供条件,回归结果表明人力资本相对水平越高,越有利于产业集聚。消费多样性对产业集聚产生了正向作用。

对外贸易的相对优势并没有为产业集聚带来好处,这与假说不符,原因有待进一步研究。东中部的虚拟变量回归结果来看,东部地区的地理位置等特性显著提高了东部地区的工业集聚程度,而中部虚拟变量检验结果不显著。

7.4 本章小结

由于中国产业集聚尤其是工业集聚显著影响着中国地区收入差距，只要验证FDI非均衡分布显著影响中国工业的地区集聚，就可以间接证实FDI可以通过该机制影响地区收入差距。

首先，考察了中国工业地区集聚的特征，以及FDI分布与中国地区工业集聚的相关关系，发现在1987—2012年间，省(自治区、直辖市)FDI份额与省(自治区、直辖市)工业GDP份额也呈现出高度相关性。从直观上确定了FDI非均衡分布与中国工业地区集聚的联系。

其次，从宏观视角考察FDI对中国工业集聚的影响。结合有关文献，提出影响地区工业集聚的一系列影响因素。经过控制FDI、劳动力成本的内生性之后，发现FDI的非均衡分布显著影响着中国工业的地区集聚，进而间接证实了FDI通过产业集聚这一机制深刻影响着中国的地区收入差距。

最后，我们检验了除FDI外影响中国工业地区集聚的其他因素，结果表明，除出口贸易的结果与假说不一致，地理位置、空间成本、人力资本、人口比重等因素均显著影响着工业集聚程度。

第八章　市场化水平与中国地区收入差距变动

一般认为改革开放之前地区收入差距大，改革开放初期收入差距有所缩小，但20世纪90年代初期后又开始增大（陈秀山、徐瑛，2004）。前几章我们分析了FDI区域分布对中国地区收入差距的影响，表明FDI的差异性分布是造成我国地区收入差距的影响因素之一，然而FDI的大量流入与我国改革开放、市场化进程是相生相伴的，改革开放的过程就是市场化的过程，东部受政策支持和激励，大量引入外资，对外贸易增加，企业竞争意识和竞争力增大，非国有经济比例上升，东西部市场化差距逐渐拉大。随着改革进程的不断推进，我国地区间的收入差距也在拉大，那么市场化在地区收入差距变动中的作用如何？这是一个值得思考的问题。

本章对人均收入方程进行估计，利用方差分解模型将影响地区收入差距的影响因素进行分解，在控制了劳均物质资本、交易成本、人力资本、对外贸易和城市化水平等变量之后，得出市场化水平在本书考察期对地区收入差距的平均贡献度为10.2%，市场化水平贡献的增长率为8.3%，占收入差距增长率的比值为35.3%，位居所有影响因素贡献增长率之首。因此经济落后省（自治区、直辖市）需要加强市场化改革，减少对经济运行的干预，支持非国有经济的发展，培育要素市场的合理发展，促进要素的自由流动。

地区收入差距的原因很多，如要素投入、经济结构、政策和制度因素、发展战略和历史因素（张吉鹏、吴桂英，2004）。一般认为累计循环机制（Fujita et al，1999）、经济发展战略（林毅夫、刘培林，2003b）、要素投入和流动（王小鲁，樊纲，2004）、地理因素（范剑勇、张雁，2009）等是造成地区收入差距不断扩大的主要原因。除了如地理因素这样无法改变的因素之外，其他影响地区收入差距的因素与我国的市场化是密不可分的，如重工业优先发展战略违背了地区的比较优势，导致企业经济效率低下，经济增长缓慢。重工业优先发展战略产生严重后果发生在市场化改革之后，东部大量非国有企业成长，利用当地优势快速发展。而要素流动除了受政府行政命令控制之外，还受经济效益的引导，改革开放之后，大量资本和劳动力也随之“一江春水向东流”。

目前衡量市场化与地区收入差距的文章主要采用经济增长框架，如蔡昉、都阳(2000)研究表明我国在改革开放以来的地区经济增长中，不存在收敛现象，却形成了东、中、西部地区俱乐部收敛，在考虑人力资本禀赋等变量后，认为地区经济增长存在条件收敛。沈坤荣、马俊(2002)将人力资本、贸易依存度、工业化进程差异等因素代入收敛方程，认为中国地区间的经济增长存在着显著的俱乐部收敛与条件收敛的特征。陆云航(2005)选取优惠政策、对外开放程度、所有制结构、政府财政赤字水平等指标，认为我国地区差距的扩大与各地市场化进程的快慢密切相关，即国有经济比重、城乡差距和财政赤字水平对地区经济增长产生负面影响，对外开放度和优惠政策对经济增长产生明显的正向推动作用。李双菊(2006)通过选取6个市场化变量，利用经济增长模型，得出了各地区体制转型的早晚和市场化程度的高低决定了各地区要素生产率的巨大差异的结论。孙海刚(2007)通过引入政策优惠变量和市场化变量，认为政策变量对经济增长的作用逐渐减弱，而市场化变量对经济增长的作用远远大于政策优惠的作用。

经济增长框架能够分析市场化与地区收入差距的关系，但是不能很好地衡量其作用有多大，有学者利用Shorrocks(1982)提出的分解方法，将地区收入差距用人均收入对数方差表示收入差距，等式右边进行相应分解，如X. Zhang & K. H. Zhang(2003)提出的分解方法，将地区收入差距的对数方差影响因素分为对外贸易依存度、本国资本存量、外资存量，教育水平等，认为本国资本是地区间收入差距的最重要来源。彭国华(2005)、李静(2006)、傅晓霞和吴利学(2006)按要素投入和TFP进行分解，分析各自的贡献，但得出了相反的结论。彭国华(2005)、李静(2006)认为造成中国地区收入差距增大的原因主要是全要素生产率的贡献，而傅晓霞和吴利学(2006)认为要素投入的差距是造成中国地区收入差距的主要因素。谢申祥，王孝松(2011)对地区收入差距进行方差分解，主要考察全球化对地区收入差距的影响，认为全球化对地区收入差距的作用超过了47%。以上对地区收入差距的方差分解没有引入市场化水平这一重要的解释变量，本章将市场化水平引入方差分解模型中，考察市场化水平对我国地区收入差距的贡献及其贡献增长率。

基于以上分析，本章的基本结构安排如下：第一部分利用泰尔指数对中国地区间收入差距进行描述，提出自1997—2009年的地区间收入差距的两阶段的特点。第二部分为理论模型、变量选择与数据处理。该部分利用X. Zhang & K. H. Zhang(2003)的思想，对影响地区收入差距的因素进行分解，将市场化水平作为解释变量引入经济增长的回归方程，并对各控制变量的选择进行说明。第三部分为经验分析与解释，首先对市场化水平和各控制变量的系数值进行回归拟合，然后代入方差分解模型，得出市场化水平与各控制变量对地区收入差距贡献及贡献的增长率。最后总结全章。

8.1 中国地区间收入差距统计描述

本书将地区间收入差距分为省(自治区、直辖市)收入差距和东部、中部、西部三大地区间差距及三大地区内部差距。为了与本书后面的分析相对应，选取27个省(自治区、直辖市)作为分析对象，不包含海南、青海、西藏和重庆。东部地区包括：北京、天津、河北、辽宁、上海、江苏、浙江、福建、山东、广东共10个省(直辖市)；中部地区包括：山西、吉林、黑龙江、安徽、江西、河南、湖北、湖南共8个省；西部地区包括：内蒙古、广西、云南、四川、贵州、陕西、甘肃、宁夏和新疆等9个省(自治区)。选取的考察期为1997—2009年①。

由于Theil指数能够衡量组间差距和组内差距，因此本部分用Theil指数衡量地区间收入差距。

$$T_p = \sum_{i=1}^{3} \sum_{j} \frac{Y_{ij}}{Y} Y_i \log\left(\frac{Y_{ij}/Y}{N_{ij}/N}\right) \quad (8.1)$$

其中，i为三大地区，j为三大地区内的省(自治区、直辖市)，Y_{ij}为第i地区j省(自治区、直辖市)的收入，N_{ij}为第i地区j省(自治区、直辖市)的人口，Y为各省(自治区、直辖市)加总的收入，N为各省(自治区、直辖市)加总的人口。进一步分解：

$$T_p = \sum_{i=1}^{3} \frac{Y_i}{Y} \sum_{j} \frac{Y_{ij}}{Y} \log\left(\frac{Y_{ij}/Y_i}{N_{ij}/N_i}\right) + \sum_{i=1}^{3} \frac{Y_i}{Y} \log\left(\frac{Y_i/Y}{N_i/N}\right) = T_{WR} + T_{BR} \quad (8.2)$$

其中，T_{WR}为三大地区内差距的加权总和，T_{BR}为三大地区间差距。并令T_{WR1}为东部内部差距，T_{WR2}为中部内部差距，T_{WR3}为西部内部差距。全国省(自治区、直辖市)间

① 本书以市场化为切入点，当前市场化指标做得较好的是樊纲(2011)的指标，该指标的起始年份是1997年，最新公布是2009年的数据。

差距、三大地区内差距的加权总和、三大地区内部差距及三大地区间差距见表 8.1。

表 8.1 中国地区间收入差距：省(自治区、直辖市)间差距、三大地区内部差距及三大地区间差距

年份	T_P	T_{WR1}	T_{WR2}	T_{WR3}	T_{WR}	T_{BR}
1997	0.111 3	0.046 4	0.002 3	0.004 3	0.053 0	0.058 3
1998	0.112 7	0.046 5	0.002 3	0.004 4	0.053 2	0.059 5
1999	0.115 4	0.047 5	0.002 2	0.004 5	0.0543	0.061 1
2000	0.112 2	0.045 6	0.002 1	0.004 6	0.052 3	0.059 9
2001	0.112 8	0.045 3	0.002 1	0.004 8	0.052 2	0.060 6
2002	0.113 2	0.044 8	0.002 1	0.004 9	0.051 8	0.061 4
2003	0.113 3	0.043 4	0.002 1	0.005 3	0.050 8	0.062 5
2004	0.113 3	0.042 6	0.002 0	0.005 7	0.050 3	0.063 0
2005	0.109 3	0.040 5	0.001 8	0.006 2	0.048 5	0.060 8
2006	0.107 0	0.038 4	0.001 9	0.006 6	0.046 8	0.060 2
2007	0.104 7	0.037 0	0.001 9	0.006 9	0.045 8	0.059 0
2008	0.102 1	0.035 4	0.002 0	0.007 6	0.045 0	0.057 1
2009	0.099 2	0.033 7	0.002 0	0.008 1	0.043 9	0.055 4
2010	0.094 3	0.031 7	0.002 0	0.008 4	0.042 1	0.052 2

注：数据来自历年《中国统计年鉴》。

中国省(自治区、直辖市)间收入差距在本书考察期内，可以分为两个阶段，第一阶段：1997—2004 年，该时期内收入差距呈上升趋势；第二阶段，2005—2010 年，该时期内收入差距呈下降趋势。

中国三大地区间收入差距在本书考察期内，可以分为两大阶段，第一阶段：1997—2004 年，该时期内除了 2000 年短暂下降外，其余年份呈不断上升趋势，这也是中国地区间收入差距在 2004 年之前总体呈上升趋势的主要原因。第二阶段：2005—2010 年，该时期三大地区收入差距呈不断下降趋势，造成了中国地区间收入差距在 2004 年之后不断下降。

对比三大地区内差距的加权总和与三大地区间差距，可以发现，自 1997 年以后，三大地区间差距始终大于三大地区内差距的加权总和，说明三大地区间差距将主导今后中国地区间收入差距，这也是为什么 1997—2004 年地区收入差距呈上升趋势，而本书将 1997—2004 年划分为第一阶段的原因。

从三大地区内部收入差距来看，各有不同，东部地区自 1999 年以来，内部收入差距不断下降，中部地区内部收入差距变化不大，而西部地区内部收入差距从 1997 年开始不断上升。三大地区内差距的加权总和自从 1999 年开始不断下降，说明东部地区内部收入差距下降的比重超过了西部地区上升的比重。

8.2　理论模型、变量选择与数据处理

8.2.1　理论模型

分析经济增长和收入差距的最常用的模型是 Cobb-Douglas 形式的总量生产函数，根据本书研究目的，将该函数扩展为：

$$Y = TFP \cdot F(L, K) \tag{8.3}$$

其中，L 代表劳动投入，K 代表物质资本投入，TFP 代表全要素生产率。为了研究市场化对收入差距的影响，需要对 TFP 的函数具体形式给予界定，我们将市场化水平、交易成本、人力资本、外贸依存度和城市化水平纳入模型，模型具体形式如下：

$$Y_i = \exp(\phi_i t + c) L_i^{\alpha_1} K_i^{\alpha_2} TC_i^{\beta_1} M_i^{\beta_2} H_i^{\beta_3} E_i^{\beta_4} U_i^{\beta_5} \tag{8.4}$$

其中，i 表示不同省（自治区、直辖市），L_i 代表劳动投入，K_i 代表物质资本存量，TC_i 代表交易成本，M_i 代表市场化水平，H_i 代表人力资本，E_i 代表外贸依存度，U_i 代表城市化水平。α_1 表示劳动的产出弹性，α_2 表示物质资本的产出弹性，β_i $(i=1,2,3,4,5)$ 为其他变量的弹性系数。

由于物质资本和劳动投入都与生产规模有关，上述函数形式容易造成多重共线性，为了避免多重共线性，本书假设 $\alpha_1+\alpha_2=1$。将式（8.4）两端同除以 L_i，并取对数，可得计量模型：

$$Ly_i = c + \phi_i t + \alpha_2 Lk_i + \beta_1 LTC_i + \beta_2 LM_i + \beta_3 LH_i + \beta_4 LE_i + \beta_5 LU_i + \varepsilon_i \tag{8.5}$$

其中，c 为常数项，Ly_i 表示人均产出量的对数，Lk_i 表示劳均资本的对数，ε_i 为随机扰动项。

对于随机变量序列 $X_1, \cdots, X_n$ 与 $Y_1, \cdots, Y_m$，有协方差公式①：

$$\operatorname{cov}\Big(\sum_{i=1}^{n} X_i, \sum_{j=1}^{m} Y_j\Big) = \sum_{i=1}^{n}\sum_{j=1}^{m} \operatorname{cov}(X_i, Y_j) \tag{8.6}$$

① 此处的字母只用于表示协方差的公式，与本书的相关变量无关。

根据协方差公式(8.6),对式(8.5)进行方差分解,可得:

$$\begin{aligned}\mathrm{var}(Ly_i)&=\mathrm{cov}(Ly_i,Ly_i)\\&=\mathrm{cov}(Ly_i,c+\alpha_2k_i+\beta_1LTC_i+\beta_2LM_i+\beta_3LH_i+\beta_4LE_i+\\&\quad\beta_5LU_i+\phi_it+\varepsilon_i)\\&=\alpha_2\mathrm{cov}(Ly_i,Lk_i)+\beta_1\mathrm{cov}(Ly_i,LTC_i)+\beta_2\mathrm{cov}(Ly_i,LM_i)+\\&\quad\beta_3\mathrm{cov}(Ly_i,LH_i)+\beta_4\mathrm{cov}(Ly_i,LE_i)+\beta_5\mathrm{cov}(Ly_i,LU_i)+\varepsilon_i\end{aligned}\tag{8.7}$$

其中,var(·)表示方差,$\mathrm{cov}(Ly_i,\cdot)$表示人均产出对数与相关变量的协方差,假定各回归系数不变,则 $\mathrm{cov}(Ly_i,\phi_it)=0$。进一步,我们在式(8.7)两端同除以 $\mathrm{var}(Ly_i)$,则式(8.7)变为:

$$\begin{aligned}\frac{\mathrm{var}(Ly_i)}{\mathrm{var}(Ly_i)}&=\frac{\alpha_2\mathrm{cov}(Ly_i,Lk_i)}{\mathrm{var}(Ly_i)}+\frac{\beta_1\mathrm{cov}(Ly_i,LTC_i)}{\mathrm{var}(Ly_i)}+\\&\quad\frac{\beta_2\mathrm{cov}(Ly_i,LM_i)}{\mathrm{var}(Ly_i)}+\frac{\beta_3\mathrm{cov}(Ly_i,LH_i)}{\mathrm{var}(Ly_i)}+\\&\quad\frac{\beta_4\mathrm{cov}(Ly_i,LE_i)}{\mathrm{var}(Ly_i)}+\frac{\beta_5\mathrm{cov}(Ly_i,LU_i)}{\mathrm{var}(Ly_i)}+\frac{\varepsilon_i}{\mathrm{var}(Ly_i)}\end{aligned}\tag{8.8}$$

等式右端各部分表示不同因素差距对地区收入差距的贡献,分别为各省(自治区、直辖市)劳均资本差异的贡献、各省(自治区、直辖市)市场化水平差异的贡献、各省(自治区、直辖市)经济运行交易成本差异的贡献、各省(自治区、直辖市)人力资本差异的贡献、各省(自治区、直辖市)对外贸易差异的贡献、各省(自治区、直辖市)城市化水平差异贡献及其他因素差异的贡献。为了求得式(8.8)的各因素对地区收入差距的贡献度,需要知道各变量的系数,即要知道 α_2 和 $\beta_i(i=1,2,3,4,5)$的估计值,本书对各解释变量的系数的估计值是通过式(8.5)得来的,然后将其代入式(8.8)。

8.2.2 变量说明与数据来源

本章共选取 27 个省(自治区、直辖市),不包含海南、青海、西藏和重庆。GDP、物质资本存量均按 1952 年不变价折算。

物质资本存量(K)。由于物质资本存量没有现成的统计资料,很多经济学者对物质资本存量进行了估算,如张军等(2004)、单豪杰(2008)等,本章采用单豪杰(2008)的做法,1997—2006 年的数据直接用该文数据,之后的数据根据其做法推算。

劳动投入量(L)。严格意义上要使用劳动投入时间,由于我国没有这方面的数据,往往用就业人口替代,本章也采用这种通常做法,使用历年《中国人口与就业统计年鉴》的年末就业人口作为劳动投入量衡量指标。

劳均物质资本(k)。指物质资本存量除以劳动投入量,相关数据来源同上。

市场化水平(M)。关于市场化水平衡量,有很多指标可以选择,如陆云航(2005)选取优惠政策、对外开放程度、所有制结构、政府财政赤字水平等指标。李双菊(2006)选取非国有经济的发展、对外开放的程度以及政府对经济的干预程度等指标。由于本章主要分析市场化水平对地区收入差距的贡献,因此不适合将市场化水平分为多个指标,需要一个能够全面反映市场化水平的指标,因此本章采用樊纲等(2011)中国市场化指数作为衡量我国市场化的水平,该指数包括政府与市场的关系、非国有经济发展、产品市场发育、要素市场发展、中介组织发育和法律制度环境等指标,能够全面地衡量我国的市场化水平,由于该指数测算的起始年份是1997年,目前最新公布的数据是2009年的,所以本章研究的考察期定在1997年至2009年。我们可以预期,市场化水平与地区收入呈正向关系,即在控制其他变量的条件下,市场化水平越高,地区收入越大,市场化水平越低,地区收入越小,进而,市场化水平地区差距越大,地区收入差距越大。市场化水平地区差距越小,地区收入差距越小。

交易成本(TC)。该指标用来衡量各省(自治区、直辖市)经济发展中政府对经济的不正常干预程度,交易成本会导致企业经营过程中产生的相应成本,影响企业经营环境。本章用行政事业收入和罚没收入占财政收入的比重表示,该数值越大说明企业运行的交易成本越大,会导致企业投资下降,创业和经营的热情不高,甚至引起企业迁移到外地。该数值越小说明企业运行的交易成本越小,企业经营的环境良好。经营热情高、信心足、创业积极性高,有利于企业的长远发展,进而形成集聚,提高当地产出和收入。我们可以预期,在控制其他变量的条件下,交易成本与地区收入呈反向关系,即交易成本越大,地区收入越小,交易成本越小,地区收入越大。进而,交易成本地区差距越大,地区收入差距越大。交易成本地区差距越小,地区收入差距越小。该数据取自1998—2010年的《中国统计年鉴》。

人力资本水平(H)。本章采用李秀敏(2007)关于人力资本测算的方法,即采用受教育年限法计算各省的人力资本水平,1997—2004年的数据直接应用该文数据,2005—2009年的数据根据该方法进行推算,相关数据来自各年份的《中国人口与就业统计年鉴》。

外贸依存度(E)。外贸依存度用进出口总额除以国内生产总值表示,该指标反映了地区经济开放程度。从对全要素生产率影响的角度来说,贸易开放可以通过进口含有先进技术的产品、设备,进行技术模仿,提高技术水平,从而提高对技术和知识的吸收能力。数据来自相应年份《中国统计年鉴》，由于统计年鉴的进出口数额用美元表示，本章将其与该年平均汇率相乘，转化为人民币数额。

城市化水平(U)。王小鲁、樊纲(2004)认为东西部的收入差距突出表现在东西部农村居民收入的差距。而影响农村居民收入的关键在于大量农村剩余劳动力能否尽快地向城乡非农产业转移，因此城市化对于缩小地区差距具有非常重要的意义。另外城市化的过程既是农村劳动力不断向城市转移的过程，也是城乡一体化的过程，在城市化的过程中基础设施条件不断改善，如交通网、通信网等基础设施将得到改善，经济运行中的信息搜索成本将降低，有利于提高创新能力，进而提高生产效率，提高地区收入。本章用非农业人口占总人口的比重来表示城市化水平。总人口的统计一般分为常住人口统计和户籍人口统计，本部分的总人口指户籍总人口。数据来自相应年份《中国人口统计年鉴》和《中国人口与就业统计年鉴》。

8.3 经验分析与解释

8.3.1 交易成本、市场化与地区经济增长的关系性分析

为了测量各解释变量的系数，我们首先选择本章重点考察的变量进行回归，然后增加解释变量[①]。由于我国粗放型经济增长特征比较明显，地区间资本存量的差异对经济增长的影响很大，因此，每个回归方程均引入劳均资本(k)。在表 8.2 的第 2 列中，我们引入劳均资本、交易成本和市场化水平，可以看到，劳均资本、交易成本、市场化水平对经济增长的均有显著影响(均在 1%水平上显著)，其中劳均资本、市场化水平与经济增长的关系为正，交易成本与经济增长为负相关。

在第 3 列中，我们增加人力资本变量，回归显示系数为正数，且在 1%水平上显著，也未影响其他 3 个变量。在第 4 列中，我们增加对外贸易依存度变量，回归显示系数为正数，且在 1%水平上显著。在第 5 列，我们增加城市化水平变量，系数为正数。在第 6 列我们增加时间固定效应检验，所有变量均通过检验。

① 由于时间趋势项的回归效果不理想，并且该项对方差分解结果没有影响，所以在回归中删去时间趋势项。

表 8.2 市场化与地区经济增长的关系分析

变量	Ⅰ	Ⅱ	Ⅲ	Ⅳ	Ⅴ
常数项	1.59*** (23.07)	−0.45 (−1.57)	0.27 (−1.00)	1.74*** (4.06)	4.02*** (10.23)
Lk	0.52*** (55.44)	0.41*** (20.90)	0.38*** (18.77)	0.36*** (16.72)	0.24*** (13.47)
LTC	−0.10*** (−6.79)	−0.14*** (−7.38)	−0.08*** (−4.99)	−0.079*** (−4.34)	−0.20*** (−10.10)
LM	0.71*** (28.06)	0.69*** (20.92)	0.46*** (12.74)	0.50*** (11.60)	0.26*** (6.68)
LH		1.46*** (7.88)	1.66*** (9.62)	1.09*** (5.04)	0.72*** (3.81)
LE			0.17*** (11.96)	0.14*** (8.00)	0.16*** (11.08)
LU				0.19*** (3.79)	0.38*** (9.20)
固定效应				无	有

注:(1) 本表的估计均由 EVIEWS 软件包完成。表中括号内数值为该系数的 t 统计值。
(2) *、**、*** 分别表示在 10%、5%和 1%的水平上显著。

我们以表 8.2 回归方程Ⅳ为例进行解释:

(1) *Lk* 与 *Ly* 呈正相关关系,系数值达到 0.36,意味着劳均资本上升 1%,经济增长 0.36%,表明地区劳均资本存量显著影响地区经济增长。

(2) *LTC* 与 *Ly* 呈负相关关系,表明交易成本确实影响经济增长,从系数值上来看,其对经济增长的负面作用不是很大,系数值只有−0.079。

(3) *LM* 与 *Ly* 呈正相关关系,表明一个地区的市场化水平将显著影响该地区经济增长,这与改革开放几十年的实际情况相吻合,并且该系数值达到了 0.5,意味着市场化水平上升 1%,经济增长 0.5%。

(4) *LH* 与 *Ly* 呈正相关关系,系数值达到了 1.09,表明人力资本水平能够显著影响经济增长,可能意味着中国经济从粗放型经济增长方式,逐渐走向内涵式发展。正如沈坤荣,耿强(2001)通过研究 1987—1998 年的数据,认为中国经济目前尚未走上内涵式增长道路,人力资本存量对经济增长的促进作用尚未显现,而我们分析的期间是 1997—2009 年,表明了我国经济增长方式正在发生改变。

(5) *LE* 与 *Ly* 呈正相关关系,系数值为 0.14,表明地区进出口能够影响经济增长,但是该系数值不大,说明在本章的考察期内,该指标对经济增长的作用一般。

(6) LU 与 Ly 呈正相关关系，系数值为 0.19，表明城市化进程在本章的考察期内对经济增长起到了一定作用，原因可能是我国的城市化的行政色彩浓厚，城市化的进程是建立在土地置换基础上的，加之近些年房地产市场突飞猛进，土地和房产价格高涨，直接刺激了经济增长。

以上 6 个变量对经济增长的作用可以通过回归方程的系数值窥知一二，但是在考察期内这些变量对地区收入差距的贡献到底多大，回归系数值是无法反映的，下面我们利用方差分解给予解释。

8.3.2 地区收入差距的方差分析

以上我们对回归方程(8.5)的系数进行了回归及说明，但系数的大小不能说明该因素在地区收入差距的形成和变动中的真正贡献，我们还要通过式(8.8)进行方差分解，了解各因素对地区收入差距的真正贡献，具体见表 8.3 的不平等因素分解。

表 8.3 不平等因素分解

年份	收入差距	Lk	LTC	LM	LH	LE	LU	其他
1997	0.527	0.201 (38.1)	0.017 (3.2)	0.040 (7.6)	0.058 (11.1)	0.063 (11.9)	0.050 (9.5)	0.098 (18.7)
1998	0.535	0.205 (38.3)	0.035 (6.5)	0.034 (6.4)	0.059 (11.1)	0.066 (12.3)	0.050 (9.3)	0.086 (16.0)
1999	0.547	0.207 (37.8)	0.020 (3.6)	0.030 (5.5)	0.065 (11.8)	0.075 (13.7)	0.055 (10.0)	0.096 (17.5)
2000	0.529	0.202 (38.2)	0.021 (3.9)	0.043 (8.1)	0.057 (10.8)	0.078 (14.8)	0.050 (9.4)	0.079 (14.9)
2001	0.534	0.204 (38.3)	0.019 (3.5)	0.073 (13.6)	0.053 (9.9)	0.077 (14.5)	0.050 (9.4)	0.058 (10.8)
2002	0.538	0.202 (37.6)	0.016 (3.0)	0.075 (13.8)	0.058 (10.7)	0.078 (14.4)	0.051 (9.4)	0.059 (11.0)
2003	0.545	0.203 (37.2)	0.016 (3.0)	0.070 (12.9)	0.056 (10.3)	0.078 (14.4)	0.051 (9.4)	0.070 (12.9)
2004	0.549	0.196 (35.8)	0.015 (2.7)	0.065 (11.8)	0.056 (10.2)	0.081 (14.7)	0.051 (9.4)	0.085 (15.5)
2005	0.535	0.194 (36.3)	0.015 (2.8)	0.056 (10.5)	0.068 (12.7)	0.082 (15.4)	0.050 (9.4)	0.069 (12.9)

续表 8.3

年份	收入差距	*Lk*	*LTC*	*LM*	*LH*	*LE*	*LU*	其他
2006	0.529	0.190 (36.0)	0.015 (2.9)	0.059 (11.1)	0.067 (12.7)	0.078 (14.8)	0.050 (9.5)	0.069 (13.1)
2007	0.518	0.185 (35.7)	0.017 (3.3)	0.056 (10.9)	0.063 (12.1)	0.072 (14.0)	0.050 (9.7)	0.075 (14.4)
2008	0.507	0.181 (35.6)	0.015 (3.0)	0.050 (9.9)	0.060 (11.8)	0.066 (12.9)	0.050 (9.8)	0.086 (16.9)
2009	0.497	0.172 (34.5)	0.012 (2.4)	0.053 (10.7)	0.060 (12.1)	0.056 (11.3)	0.049 (9.9)	0.094 (19.0)
第一阶段平均值	0.564	0.203 (37.9)	0.020 (3.8)	0.052 (9.7)	0.058 (10.8)	0.074 (13.7)	0.051 (9.5)	0.078 (14.6)
第二阶段平均值	0.558	0.186 (35.6)	0.015 (2.8)	0.057 (10.8)	0.062 (11.9)	0.073 (13.9)	0.050 (9.6)	0.080 (15.3)
考察期平均值	0.561	0.196 (36.9)	0.018 (3.4)	0.054 (10.2)	0.060 (11.3)	0.073 (13.8)	0.051 (9.5)	0.079 (14.9)
考察期贡献度增长率(%)	23.5	5.4	4.4	8.3	1.2	0.6	0	3.6
考察期增长率比重(%)	100	23.0	18.7	35.3	5.1	2.6	0.0	15.3

注：(1) 第 2 列为人均收入对数的方差，第 3 至第 9 列为各因素对收入差距的贡献与贡献度，数值表示贡献，括号中的数值表示各因素的贡献度。各因素的贡献根据表 8.2 中的回归方程Ⅳ拟合的系数与各因素与人均收入差距对数的协方差相乘而来。

(2) 第 15 行、第 16 行为第一阶段和第二阶段各因素对收入差距的贡献与贡献度的平均值。第 17 行为整个考察期内各因素贡献的增长率，第 18 行为整个考察期内各因素贡献的增长率同收入差距增长率之比。

(3) 关于第 15 行增长率计算：如果令 t 年的收入差距为 y_t，各因素影响差异为 x_{it}，则 $y_t = \sum_i x_{it}$，t 年的收入差距 y_t 的增长率就可以表示为：

$$\frac{\Delta y_t}{y_{t-1}} = \sum_i \frac{x_{it-1}}{y_{t-1}} \frac{\Delta x_{it}}{x_{it-1}} = \sum_i s_{it-1} \frac{\Delta x_{it}}{x_{it-1}},$$

s_{it-1} 是 $(t-1)$ 年各因素差异占整个收入差距中的贡献度，$\frac{\Delta x_{it}}{x_{it-1}}$ 是 $(t-1)$ 到 t 年的各因素差异的增长率。详见 X. Zhang & K. H. Zhang(2003)的解释。

我们可以看到，资本存量的巨大差异是造成我国地区收入差距的最重要因素，在每一个年度的贡献度都在 30%以上，从贡献的增长率上来看，在本章的考察期内，其作用为 5.4%，占整个考察期所有因素贡献度增长率的 23%。从本章的两阶段划分来看，第一阶段资本存量的平均贡献度为37.9%，第二阶段的平均贡献度为35.6%，下降了2.3个百分点，表明资本存量对地区收入差距的影响在下降。

对外贸易依存度的差异在地区收入差距的形成过程中起到了很大作用，平均贡献度为13.8，但贡献的增长率不高，仅为0.6%，一方面说明对外贸易对地区收入差距有较大影响，另一方面说明对外贸易对地区收入差距的影响较为稳定，根据斯托尔珀—萨缪尔森定理，贸易将提高相对充裕要素的收入，我国出口的产品中劳动密集型产品占了很大比例，根据该定理，劳动力收入将提高，尤其随着近些年劳动力成本的不断上升，贸易好处的扩散作用开始增强，没有进一步扩大地区收入差距，但我们应该看到，这种抑制作用不明显。

人力资本水平的平均贡献度为11.3%，仅次于对外贸易的影响，贡献度的增长率为1.2%，说明经济增长开始走上内涵式发展道路，人力资本水平高的地区经济增长后劲大。

本章重点考察的市场化水平指标对地区收入差距的贡献仅次于人力资本水平，考察期的平均贡献度值达到了10.2%，并且贡献的增长率达了8.3%，贡献增长率比重达到了35.3%，是所有影响因素中增长率最高的，表明我国近十几年来，市场化水平对经济增长的影响逐步扩大，改革初期各省(自治区、直辖市)的优惠政策不同，造成了优惠政策多的省(自治区、直辖市)吸引了大量外资，推动了技术进步，经济快速增长，随着改革的推进，优惠政策的差别已经不大，取而代之的是市场环境的建设，一个地区的产业环境(如集中度)、政府对市场的干预程度、商品的地方保护程度等软环境，对企业的盈利能力影响很大，因此要缩小地区收入差距，经济落后地区要在市场化上下功夫，改进政府工作效率。

本章引入的一个与经营环境有关的交易成本指标的贡献度平均值为3.4%，静止地看，其在地区收入差距形成中的贡献不大，但从其贡献度的增长率比重来看，交易成本的增长率比重达到了18.7%，说明经营环境对经济增长的作用越来越大。

城市化水平对地区收入差距的影响比较稳定，每一个年度的贡献度在9.5%左右。城市化不仅是农民户籍身份的转变，农民身份转变的背后更多的是失去土地，土地成为了城市发展经济的强力推动剂，在耕地红线调控下，城市所需的工业用地与商业用地紧缺，通过土地置换可以实现土地的可靠供给。近些年土地和房地产价格高涨，也带动了相关产业，城市化速度快的省(自治区、直辖市)的地区生产总值增长也快。该因素在第一阶段的平均贡献度为9.5%，到了第二阶段该因素的平均贡献度为 9.6%，上升了 0.1 个百分点，变动幅度很小。

8.4 小结

一个国家各地区因地理位置、资源禀赋、政策条件等原因，最终在物质资本、人力资本、对外贸易等方面存在着或大或小的差别，形成了地区收入的差距，本章通过方差分解方法，引入物质资本、人力资本、交易成本、市场化水平、对外贸易和城市化等变量，得出了劳均资本差距是造成地区收入差距的最主要原因，这与很多研究的结论一致，其次是对外贸易、人力资本和市场化水平。

在控制物质资本、人力资本、对外贸易和城市化水平等变量之后，我们发现，1997 至 2009 年间，市场化水平对地区收入差距的平均贡献度与对外贸易、人力资本水平的平均贡献度差不多，但是贡献度的增长率和贡献度增长率的比重却远远高于其他变量，分别达到了 8.5%和 35.3%，表明市场化水平在地区收入差距变动中的作用越来越大，因此为了缩小地区收入差距，经济落后省(自治区、直辖市)应该努力提高市场化水平，减少对经济运行的干预，支持非国有经济的发展，培育要素市场的合理发展，促进要素的自由流动。

第九章 出口贸易与中国全要素生产率

出口拉动经济增长的途径可以分为两条：一条为需求拉动，即通过出口需求带动产出增长。传统的关于经济增长贡献率的分析中，消费和投资的贡献度大于净出口的贡献度，但由于净出口与消费、投资之间存在相关关系，传统的分解模型存在局限性，林毅夫等(2003)从需求角度分析，我国净出口每增长 10%，能拉动经济增长 1%。另一条为供给拉动，即通过提高资本存量或技术进步来提高经济增长。从一国经济长期可持续增长而言，取得技术进步是关键的因素，尤其我国经济高速增长是建立在粗放和低成本基础之上的，技术进步的重要性不言而喻。我国出口多年来持续增长，其对技术进步的贡献如何，对长期经济增长有何帮助，是需要认真考虑的问题。

技术进步一方面靠自主创新，一方面靠吸收引进，而出口可以通过多种途径推动技术进步，如 Feder(1982)通过构建出口部门与非出口部门的两部门模型，探讨了出口贸易对经济增长的影响机制，为出口作用于经济增长的机制探索了道路。Levin 和 Raut (1999)以 Feder(1982)模型为基础，通过建立内生增长模型，将出口贸易依存度、出口额和人力资本引入模型，认为如果出口部门的生产效率高于非出口部门，能够吸引资源向出口部门流动，起到优化资源配置，提高技术水平的作用，同时出口部门先进管理、先进技术等通过正外部性传导到非出口企业，将提高非出口企业的技术水平。Raberto Alvarez 和 Ricardo Lopez(2006)认为出口通过技术外溢与前后产业来提高相关产业技术进步水平。

然而对于出口提高技术进步的作用的观点并不一致，如 Rodrik(1999)和 Panagariya(2000)认为出口的技术外溢效应不显著。Claire Economidou 和 Antu Panini Murshid(2007)通过分析 12 个经合组织国家 1978—1997 年期间的贸易量与 TFP 增长的关系，认为总体而言贸易对生产率增长有一个积极的影响，但是这种效应是相当小的。另外进口对生产率的提高比出口更强。原因可能是进口行业在获得高质量的国外产品同时，可以低成本地模仿国外先进技术，在国内产业面临压力的情况下，采用新技术和提高效率。我国学者包群等（2003）认为出口额占 GDP 比重对全要素生产率的作用为负，意味着出口部门并没有使用比非出口部门更先进的技术，对长期经济增长不利。另外无论是制成品出口部门还是初级品出口部门，均没有通过自身相对要素生产率的提高，从而对经济增长产生正向促进作用。之所以出口对技术进步的促进作用的检验结果不同，可能存在其他控制变量的间接影响，许和连等（2006）借鉴 Miler 等（2000）和 Söderbom 与 Teal（2003）的思想，认为贸易开放度主要通过影响人力资本水平影响全要素生产率。关兵（2009）利用 Levin 和 Raut（1999）提出的模型，对出口额、出口依存度、人力资本是否影响地区全要素生产率进行检验。发现出口额未能影响全要素生产率，出口依存度影响全要素生产率，人力资本对全要素生产率的影响也比较明显。王庆石等（2009）利用 Feder 的两部门模型，将出口的外部经济效应和要素生产率差别效应作为技术外溢效应，认为我国只有东部的出口产生了正的技术外溢效应，中西部的出口部门生产了负的技术外溢效应，导致出口在东中西部的差别的原因是各地区的吸收能力不同。

现有文献在研究出口通过人力资本对全要素生产率的影响时，主要是在回归模型中设置出口结构（或贸易开发度）与人力资本的交互项来分析，这种做法只能分析出口的要素配置效应，不能分析出口的技术效应如人力资本结合的效果，而且出口的要素配置效应主要体现在非出口行业向出口行业转变上，这个过程中人力资本的作用不大，而出口的技术外溢效应主要体现在出口行业的较先进的技术通过何种渠道传导给非出口行业，这个过程中人力资本发挥的作用比较大，因此本书将人力资本与技术外溢效应相结合，采用 GMM 方法进行回归，提高了回归结果的可靠性。

9.1　理论模型

Levin 和 Raut（1999）认为如果某个经济体中出口行业的技术水平高于非出口行业，出口额的增加就可以推动该经济体的技术进步。其影响路径有二：一是由于出口行业技术水平高于非出口行业，当整个经济中出口行业所占比重增大时（用出口额占 GDP 的比重表示），该经济体的技术水平就会提高，本书将其称为要素配置效应；二是经济体中的出口行业产值增大，自身较先进的技术水平通过交易、交流等渠道外溢到非出口行业，本书将其称为技术外溢效应。Levin 和 Raut(1999)的思想可以表示如下：

$$TFP_{i,t}=B_{i,t}[1+\eta Ex_{i,t}]X_{i,t}^{\theta} \tag{9.1}$$

根据对数的性质，可以将式(9.1)变形为：

$$\ln TFP_{i,t}=\ln B_{i,t}+\eta Ex_{i,t}+\theta\ln X_{i,t} \tag{9.2}$$

式(9.2)中的 $\ln X_{i,t}$ 为 i 地区在时期 t 的对数出口额，$\ln Ex_{i,t}$ 为 i 地区在时期 t 的出口额占 GDP 比重对数值，$\ln B_{i,t}$ 为 i 地区在时期 t 的影响技术进步的其他因素。η、θ 分别为各变量的系数值，其中 η 表示出口结构对全要素生产率的影响，如果出口部门的技术水平高于非出口部门，则该比重越大全要素生产率越高。θ 表示出口部门对非出口部门的技术外溢程度，技术外溢程度越大，对提高全要素生产率的作用越大。

进一步，在式(9.2)的基础上，将出口结构与人力资本相结合，并把出口结构分为“制成品占 GDP 的比重”和“初级产品占 GDP 的比重”，表示为式(9.3)：

$$\ln TFP_{i,t}=\ln B_{i,t}+\eta_1 H_{i,t}\cdot Emx_{i,t}+\eta_2 H_{i,t}\cdot Epx_{i,t}+\theta\ln X_{i,t} \tag{9.3}$$

其中，$\ln X_{it}$ 为 i 地区的出口额的对数值，$Epx_{i,t}$ 为初级产品出口额占 GDP 的比重(简称初级产品比重)，$Emx_{i,t}$ 为制成品出口额占 GDP 的比重(简称制成品比重)，$H_{i,t}$ 为人力资本，$H_{i,t}\cdot Epx_{i,t}$ 为人力资本与初级产品比重的交互项，$H_{i,t}\cdot Emx_{i,t}$ 为人力资本与制成品比重的交互项，用来衡量人力资本与出口结构结合后对技术进步的作用。

该模型重视出口结构与人力资本融合，忽略了出口的技术外溢与人力资本的融合，本书认为出口的要素配置效应主要体现在非出口行业向出口行业转变上，这个过程中人力资本的作用不大，而出口的技术外溢效应主要体现在出口行业的较先进的技术通过何种渠道传导给非出口行业，这个过程中人力资本发挥的作用比较大，因此本书将人力资本与技术外溢效应相结合，设定如下回归模型：

$$\begin{aligned}\ln TFP_{it}=&\ln B_{i,t}+c\cdot\ln TFP_{i,t-1}+\eta_1\cdot Epx_{i,t}+\eta_2\cdot Emx_{i,t}+\\&\theta_1\cdot\ln X_{i,t}+\theta_2\cdot\ln H_{i,t}+\theta_3\ln H_{i,t}\cdot\ln X_{i,t}+\varepsilon_{i,t}\end{aligned} \tag{9.4}$$

式(9.4)中的 $\ln TFP_{i,t-1}$ 为被解释变量的滞后项，加入被解释变量的滞后项的目的在于：影响技术进步的因素很多，有限的解释变量可能造成重要变量的遗漏，加入滞后项能够降低遗漏重要变量的可能，同时很多经济变量的变化在时间上存在相关性，前一期或前几期的结果会影响到档期。$\ln H_{i,t}$ 为 i 地区在时期 t 的人力资本存量的对数值，$\ln H_{i,t}\cdot\ln X_{i,t}$ 为人力资本与出口额的交互项。c、η_1、η_2、θ_1、θ_2、

θ_3 分别为各变量的系数值，其中 η_1 表示初级产品比重的要素配置效应，η_2 表示制成品比重的要素配置效应，θ_1 表示出口品的技术外溢程度，θ_2 表示人力资本存量对技术进步的影响程度，$\varepsilon_{i,t}$ 为随机扰动项。

9.2　样本说明与变量选取

9.2.1　样本说明

本书以除西藏、青海和海南的 27 个内地省(自治区、直辖市)为样本，由于重庆市成立时间较短，将重庆数据并入四川。时间段选取为 1992 年至 2010 年(1992 年为中国市场化改革的代表性年份)。由于模型(9.4)是一个动态面板模型，要求面板数据是短面板，即数据属于大 N 小 T 类型，本书将 1992—2010 年的 18 年分为 6 个阶段，每 3 年为一个阶段，每个解释变量为 3 年的平均值。样本描述统计量见表 9.1。

表 9.1　样本描述性统计量[27 个省(自治区、直辖市)]

变量名称	变量含义	平均值	标准差	最小值	最大值
emx	制成品出口额占 GDP 的比重	0.073	0.086	0.007	0.414
epx	初级产品出口额占 GDP 的比重	0.009	0.010	0.001	0.083
$\ln mx$	制成品出口对数值	2.186	1.044	0.136	4.435
$\ln px$	初级产品出口对数值	0.283	0.860	−1.590	2.171
$\ln H$	人力资本存量对数值	−0.323	0.860	−2.327	1.197

9.2.2　变量选取

技术进步的测度主要有索洛剩余法、扩展索洛模型法、随机前沿生产函数方法和数据包络法，索洛剩余法将资本和劳动之外的产出都归于技术进步，对技术进步的测算较为粗糙；扩展索洛模型法将 R&D 投入、人力资本、制度变迁等因素引入进行分析，但由于存在 R&D 投入可能是一个伪变量、人力资本与经济增长的关系不确定、制度变迁测度的合理性等问题；用随机前沿生产函数方法计算我国的技术进步变动剧烈(段文斌、尹向飞，2009)，而数据包络分析方法(DEA)不要求具体函数形式，在测算技术进步时被广泛采用，因此本书也采用 DEA 分析方法测算技术进步。

在计算技术进步时需要用到物质资本存量和劳动投入。由于物质资本存量没有现成的统计资料，很多经济学者对物质资本存量进行了估算，本书采用单豪杰(2008)的做法。劳动投入在严格意义上要使用劳动投入时间测算，由于我国没有这方面的数据，往往用就业人口替代，本书也采用这种通常做法，使用历年《中国人口与就业统计年鉴》的年末就业人口作为劳动投入量衡量指标。

人力资本水平(H)。目前我国没有公布的各省市人力资本存量，有的学者采用受教育年限法估算了各省的人力资本存量(李秀敏，2007)，有的学者直接采用高层次的教育人口与总人口比重表示(沈坤荣，2001)，考虑到低层次的教育(如小学)对技术消化吸收的贡献有限，本书选取普通高等学校在校人数与总人口的比值表示，其中总人口为各省(自治区、直辖市)年末的常住人口，数据来自《新中国 60 年统计资料汇编》和 2011 年各省(自治区、直辖市)统计年鉴。

初级产品出口额和制成品出口额。该数据来自 1993—2003 年的《中国对外经济贸易年鉴》和 2004—2011 年《中国商务年鉴》。但自从 2006 年以后，有的省(自治区、直辖市)在个别年份未公布初级产品和制成品的出口额，其中北京、云南 2006—2010 年数据缺失，内蒙古 2008—2010 年数据缺失，山东 2009 年数据缺失，湖北 2009 年数据缺失，广西 2007—2010 年数据缺失，四川 2006 年数据缺失，贵州 2008 年数据缺失，甘肃 2007—2010 年数据缺失，宁夏 2005—2010 年数据缺失。对于缺失的数据，本书根据联合国《国际贸易标准》的五大类分类法，即初级产品分为食品、饮料、农矿原料、动植物油脂和燃料，在缺失数据省(自治区、直辖市)的统计年鉴中的出口贸易中的相关明细数据汇总进行近似替代，如用活动物及动物产品，植物产品，动、植物油脂及分解产品，精制的食用油脂，食品，饮料，酒及醋，烟草及烟草代品的制品和矿产品的出口额相加，经过对比公布相关年份的数据，该方法的误差较小。对于在公开的数据中找不到明细数据的，用插值法填充，相应的制成品出口额用当年出口额减去初级产品出口额获得。

9.3 经验分析与解释

模型(4)中存在内生性问题，不适合采用混合最小二乘法(Pooled OLS)，由于存在动态面板偏差(Dynamic panel bias)，组内估计量(FE)也是不一致的，一阶差分估计量也存在内生性，因此需要采用某种方法解决模型内生性的问题。解决模型内生性可以采用两阶段最小二乘法(TSLS)、三阶段最小二乘法(3SLS)、广义矩估计方法(GMM)。由于两阶段最小二乘法、三阶段最小二乘法分析的局限性，如要求扰动项的准确分布信息等，而 GMM 估计是一个稳健估计量，不要求扰动项的准确分布信息，允许随机误差项存在异方差和序列相关，所得到的参数估计量比其他参数估计方法更合乎实际，即 GMM 估计能够解决传统的计量经济模型估计方法中的问题(高铁梅，2009)。鉴于此，本章系统 GMM 估计方法进行实证分析，并采用 Bond 等(2001)的方法对估计结果进行检验，即根据 GMM、混合最小二乘法和固定效应三种方法中滞后项系数的大小来判断，一般认为混合最小二乘法估计会高估滞后项系数，而固定效应估计会低估滞后项系数，当 GMM 估计的滞后项系数介于二者之间时，认为 GMM 估计的结果比较准确。本章所有估计均采用 STATA12.0 软件进行，估计结果见表 9.2。

表 9.2　出口结构吸收能力与中国全要素生产率(被解释变量为 ln*TFP*)

解释变量	混合 OLS	固定效应	系统 GMM	系统 GMM
$\ln TFP_{i,t-1}$	1.000 (0.014)***	0.598 (0.055)***	0.934 (0.021)***	0.955 (0.018)***
Epx	0.546 (0.607)	−1.204 (0.721)**	0.689 (0.941)	0.111 (1.176)
Emx	0.002 (0.076)	0.363 (0.138)**	0.452 (0.052)***	0.561 (0.053)***
$\ln X$	0.006 (0.006)	0.022 (0.013)*	0.037 (0.012)	0.038 (0.013)**
$\ln H$	−0.007 (0.015)	0.032 (0.013)**	−0.015 (0.005)***	0.018 (0.005)***
$\ln X \cdot \ln H$	0.002 (0.006)	0.0002 (0.006)		−0.017 (0.005)***
常数项	0.038 (0.019)***	−0.303 (0.045)***	−0.119 (0.043)***	−0.107 (0.040)***
AR(1)			0.013 8	0.016 8
AR(2)			0.153 4	0.145 5
SARGA 检验			0.147 7	0.160 0

注：(1) 括号中的数值为标准误差，***、**、*分别表示在 1%、5%和 10%水平下显著。
(2) AR(1)和 AR(2)是对扰动项差分一阶自相关和二阶自相关的检验，GMM 一致性估计要求扰动项不存在自相关，但其一阶差分相关，二阶及以上差分不相关，原假设为“扰动项差分不存在自相关”。
(3) SARGAN 检验(Sargan test ov overidentifying restrictions)，原假设为“所有工具变量都有效”，如果 P 值大于 10%，表明在 10%的显著水平上无法拒绝“所有工具变量都有效”的原假设，即工具变量的选取是合适的。

表 9.1 的系统 GMM 估计结果表明，扰动项差分一阶不相关、二阶自相关，工

具变量的选择也是合适的，同时系统 GMM 的估计的滞后项系数为 0.955，介于混合最小二乘法系数(1.000)和固定效应(0.598)之间，因此系统 GMM 的估计结果是可靠的。

全要素生产率的滞后项系数显著为正，说明当期的全要素生产率增长受上一期影响，同时也表明模型中没有出现的因素在影响着全要素生产率的增长。

初级产品比重的系数为 0.111，但不显著，制成品比重的系数为 0.561，且在1%水平下显著，表明中国的出口行业存在要素配置效应，即制成品出口行业技术水平大于非出口行业，当制成品出口比重上升时，经济体的全要素生产率“水涨船高”。另一方面，中国制成品出口额远远大于初级产品出口额，从占 GDP 的比重来看，制成品比重的均值为 0.073，初级产品比重为 0.009，制成品比重约为初级产品比重的 8.11 倍，更有利于要素配置效应的发挥。

出口额对数值的系数值为 0.038，且在 5%水平下显著，表明中国的出口行业存在对非出口行业的技术外溢效应，即出口行业通过商品、服务交易、信息交流等渠道和先进的技术外溢到非出口行业。

人力资本对数值的系数在 1%水平下显著为正，说明在控制其他因素不变条件下，中国人力资本水平的提高促进了全要素生产率的进步。但本章发现人力资本与出口的交互项在 1%水平下显著为负，这与理论预期不符，通常认为人力资本水平影响非出口部门的学习能力，当出口部门技术水平高于非出口部门时，出口部门的先进技术通过产业关联被非出口部门了解、学习和模仿，如果非出口部门的人力资本水平较高，则对出口部门的这种技术外溢将较充分地学习和吸收，有利于提高整体经济的全要素生产率。造成这一结果的可能的原因是中国人力资本(本章用高等教育表示)发展与出口行业不匹配，中国自改革开放以来，对外贸易长足发展，不过以劳动密集型产品为主，处于价值链低端，而中国高等教育培养的人才无法与劳动密集型产业有效融合，一方面是拥有较高学历的人才不愿意到劳动密集型产业工作，另一方面是到劳动密集型产业工作的高校毕业生动手能力不强。

9.4 结论与建议

本章重点分析了吸收能力与出口技术外溢效应对中国全要素生产率的影响，为了能够保证分析结果的相对准确性，使用了 GMM 回归方法进行检验。实证结果表明中国出口行业的发展有利于中国全要素生产率的增长，中国出口行业存在要素配置效应和技术外溢效应。制成品出口对中国全要素生产率提升作用大于初级产品出口，符合理论预期。人力资本对中国全要素生产率增长具有正向作用，但其与出口产业发展不相匹配，出口行业不能通过人力资本的提升促进全要素生产率的增长。

因此笔者建议中国进一步提升制成品行业在出口行业中的比重，同时出台相关政策鼓励和引导出口行业加快转型升级，制造并出口附加值高的商品，这样一方面可以提高出口行业自身的技术水平，进而促进整个经济的全要素生产率提高，另一方面还能与人力资本的发展阶段相匹配，提高出口行业的技术外溢范围与深度。但出口行业的转型升级可能需要经过相当长的时间，发挥现有人力资本的作用迫在眉睫，因此中国高等学校在培养“研究型人才”的同时，也要重视培养“应用型人才”，使人力资本能够适应现阶段的产业发展。

第十章 基本结论及进一步研究方向

本书在度量FDI影响中国地区收入差距的贡献基础上，从技术外溢、资本挤入和产业集聚三个方面对其影响中国地区收入差距的影响机制进行了理论研究和实证检验。本章将归纳本书的主要研究结论、政策建议和进一步的研究方向。

10.1 主要结论

1) FDI分布与中国地区收入差距变动呈现同向变动趋势

FDI高度集中于东部省(自治区、直辖市)，但东部省(自治区、直辖市)所占份额呈现出倒U型变动趋势。与之相似，中国地区收入差距变动也呈现出倒U型趋势，其主要推动力是三大地区间的差距。

2) FDI显著影响着中国地区收入差距

本书借用X. Zhang和K. H. Zhang(2003)的方法，用FDI存量和人力资本存量交互项间接反映FDI的外部效应，统计分析了FDI对中国地区收入差距(1990—2012年)的贡献度。FDI对中国地区收入差距的影响在18.79%至26%之间，而且呈不断上升趋势，由于我们综合考虑了FDI资本作用和外部性作用，本书研究结果不同于已有研究成果。

3) FDI能够通过技术外溢效应影响中国地区收入差距

本书的实证结果表明FDI能够通过技术外溢促进经济增长，在控制相关变量之后，省(自治区、直辖市)经济增长存在条件收敛，由于FDI通过技术外溢能够促进经济的内生增长，因此FDI的非均衡分布将会扩大稳态增长时的收入差距。

4) FDI通过资本挤入效应影响着中国地区收入差距

本书首先构建了FDI挤入国内资本的理论模型，并将影响挤入效果的人力资本和内外资技术差距等东道国因素纳入模型。实证检验结果表明：FDI对东部、中部和西部国内投资均起到了挤入作用，中部地区挤入效应最大，其次是东部，挤入效应最小的是西部地区。人力资本对挤入效应的影响为正，技术差距的影响存在门槛效应。结合国内投资影响经济增长的估算结果，估算出东部地区 FDI 占比增长 1%，将因挤入国内投资而使经济增长增加 0.018%，中部地区 FDI 占比增长 1%，将因挤入国内投资而使经济增长上升 0.021%，西部地区 FDI 占比增长 1%，将因挤入国内投资而使经济增长上升 0.003%。因此 FDI 通过挤入国内投资进一步促进了东西部的收入差距，从而扩大了我国省（自治区、直辖市）的收入差距。

5) FDI显著影响着产业集聚，进而影响中国地区收入差距

根据产业集聚等理论，在提出一系列假说基础上，从宏观视角 FDI 对中国地区产业集聚（以工业为例）的影响。实证检验结果表明，经过控制 FDI、劳动力成本的内生性之后，FDI 的非均衡分布显著影响着中国工业的地区集聚，进而间接证实了 FDI 通过产业集聚这一机制深刻影响着中国的地区收入差距。再次，我们检验了除 FDI 外影响中国工业地区集聚的影响因素，结果表明，除出口贸易的结果与假说不一致外，其他影响因素均与假说一致。即地理位置、空间成本、人力资本、人口比重等均显著影响着工业的集聚。

一个国家各地区因地理位置、资源禀赋、政策条件等原因，最终在物质资本、人力资本、对外贸易等方面存在着或大或小的差别，形成了地区收入的差距。本书通过方差分解方法，引入物质资本、人力资本、交易成本、市场化水平、对外贸易和城市化等变量，得出了劳均资本差距是造成地区收入差距的最主要原因，这与很多研究的结论一致，其次是对外贸易、人力资本和市场化水平。

在控制物质资本、人力资本、对外贸易和城市化水平等变量之后，我们发现，1997 至 2009 年间，市场化水平对地区收入差距的平均贡献度与对外贸易、人力资本水平的平均贡献度差不多，但是贡献度的增长率和贡献度增长率的比重却远远高于其他变量，分别达到了 8.5%和 35.3%，表明市场化水平在地区收入差距变动中的作用越来越大，因此为了缩小地区收入差距，经济落后省（自治区、直辖市）应该努力提高市场化水平，减少对经济运行的干预，支持非国有经济的发展，培育要素市场的合理发展，促进要素的自由流动。

6) 中国出口行业的发展有利于中国全要素生产率的增长，中国出口行业存在要素配置效应和技术外溢效应。

本书第九章重点分析了吸收能力与出口技术外溢效应对中国全要素生产率的

影响，为了能够保证分析结果的相对准确性，使用了 GMM 回归方法进行检验。实证结果表明中国出口行业的发展有利于中国全要素生产率的增长，中国出口行业存在要素配置效应和技术外溢效应。制成品出口对中国全要素生产率提升作用大于初级产品出口，符合理论预期。人力资本对中国全要素生产率增长具有正向作用，但其与出口产业发展不相匹配，出口行业不能通过人力资本的提升促进全要素生产率的增长。

10.2 政策建议

1）FDI 的非均衡分布显著影响着中国地区收入差距，因此协调 FDI 在中国各地区的分布非常重要，这需要：① 国家要加大中部、西部的基础设施建设，改善投资环境，引导 FDI 向中部和西部流动。② 逐步淡化东部外资优惠政策，将外资优惠政策向中部和西部倾斜，从制度层面引导 FDI 向中西部流动。③ 提高中部和西部地区企业人员的整体素质。

2）摆脱 FDI“锁定效应”，切实调整经济结构，转型经济发展方式。FDI 的进入会存在一些负面影响，比如产业的锁定效应等。因此需要政府坚定调结构保增长，换“长痛”为“短痛”，切实转变经济增长方式。从经济长期增长和增进国民福利的角度看，引入 FDI 要有利于培育中国国内企业的发展，有利于促进国内投资增长。这需要中西部地区做到：① 改善中小企业的融资环境，降低融资成本，培育中小企业的竞争力，降低外资企业的市场攫取效应。② 引进高质量的外资企业，放大 FDI 的正外部性。

3）中国需要进一步提升制成品行业在出口行业中的比重，同时出台相关政策鼓励和引导出口行业加快转型升级，制造并出口附加值高的商品，这样一方面可以提高出口行业自身的技术水平，进而促进整个经济的全要素生产率提高，另一方面还能与人力资本的发展阶段相匹配，提高出口行业的技术外溢范围与深度。但出口行业的转型升级可能需要经过相当长的时间，如何发挥现有人力资本的作用迫在眉睫，因此中国高等学校在培养“研究型人才”的同时，也要重视培养“应用型人才”，使人力资本能够适应现阶段的产业发展。

10.3 进一步研究方向

1）对本书相关理论的中、微观数据的再检验

本书实证研究部分使用的数据是中国各省（自治区、直辖市）的宏观经济数据，

可能会掩盖产业或企业间的差异性，因此下一步研究的任务是利用产业数据和微观企业数据进行实证检验，期望有新的发现。

2) FDI 质量差异与经济增长及地区发展差异的关系

通过大量的实证分析和深入的理论研究，本书对 FDI 与地区收入差距的关系已经有了较为明确的认识，但对于 FDI 质量差异对地区经济发展差异的研究涉及不多(第六章有所涉及，但还不够深入)。FDI 对经济增长的外溢效应、挤入效应等作用，均与其质量高低有关或不同的特征相关，目前的研究多停留在将外资视为“同质”，因此从 FDI 不同特征入手，研究其地区经济增长及差异的影响机制和作用，无论从理论到实证都值得进步一研究。

附　　录

附录 A

$$g'(n_{f,h})=\frac{\alpha(\varphi-1)}{(n_{f,h}^{\alpha}+1)}n_{f,h}^{\alpha-1}>0,$$

$$g''(n_{f,h})=\frac{\alpha(\varphi-1)}{(n_{f,h}^{\alpha}+1)^{3}}[(\alpha-1)n_{f,h}^{\alpha-2}(n_{f,h}^{\alpha}+1)-2\alpha(n_{f,h}^{\alpha-1})^{2}]<0,$$

$$\lim_{n_{f,h}\to 0}g'(n_{f,h})=\lim\frac{\alpha(\varphi-1)}{n_{f,h}^{1-\alpha}}=\infty \text{ 和 } \lim_{n_{f,h}\to\infty}g'(n_{f,h})=0\text{。}$$

附录 B

$$\begin{aligned}
\lim_{n_{f,h}\to\infty}SE'(n_{f,h}) &= \lim_{n_{f,h}\to\infty}c_d\left\{(1+n_{f,h})\frac{g'(n_{f,h})}{[g(n_{f,h})]^2}+1-\frac{1}{g(n_{f,h})}\right\}\\
&= c_d\lim_{n_{f,h}\to\infty}(1+n_{f,h})\frac{g'(n_{f,h})}{[g(n_{f,h})]^2}+c_d\lim_{n_{f,h}\to\infty}\left[1-\frac{1}{g(n_{f,h})}\right]\\
&= c_d\lim_{n_{f,h}\to\infty}(1+n_{f,h})\frac{g'(n_{f,h})}{\varphi^2}+c_d\left(1-\frac{1}{\varphi}\right)\\
&= c_d\lim_{n_{f,h}\to\infty}(1+n_{f,h})\frac{1}{\varphi^2}\frac{\alpha(\varphi-1)}{(n_{f,h}^{\alpha}+1)^2}\cdot n_{f,h}^{\alpha-1}+c_d\left(1-\frac{1}{\varphi}\right)\\
&= \frac{c_d\alpha(\varphi-1)}{\varphi^2}\lim_{n_{f,h}\to\infty}\frac{n_{f,h}^{\alpha-1}+n_{f,h}^{\alpha}}{(n_{f,h}^{\alpha}+1)^2}+c_d\left(1-\frac{1}{\varphi}\right)\\
&= \frac{c_d\alpha(\varphi-1)}{\varphi^2}\lim_{n_{f,h}\to\infty}\frac{n_{f,h}^{\alpha}}{(n_{f,h}^{\alpha}+1)^2}+c_d\left(1-\frac{1}{\varphi}\right)\\
&= \frac{c_d\alpha(\varphi-1)}{\varphi^2}\lim_{n_{f,h}\to\infty}\frac{\alpha n_{f,h}^{\alpha-1}}{2\alpha(n_{f,h}^{\alpha}+1)n_{f,h}^{\alpha-1}}+c_d\left(1-\frac{1}{\varphi}\right)\\
&= \frac{c_d\alpha(\varphi-1)}{\varphi^2}\lim_{n_{f,h}\to\infty}\frac{1}{2(n_{f,h}^{\alpha}+1)}+c_d\left(1-\frac{1}{\varphi}\right)
\end{aligned}$$

$$= c_d\left(1-\frac{1}{\varphi}\right)$$

附录 C

$$\lim_{n_{f,h}\to\infty} SE'(n_{f,h}) - MG_h'(n_{f,h}) = c_d\left(1-\frac{1}{\varphi}\right) - \frac{a-c_{f,h}-n_d(c_{f,h}-c_d)}{1+n_d}$$

$$= \frac{c_d\left(1-\frac{1}{\varphi}\right)(1+n_d)-a+c_{f,h}+n_d(c_{f,h}-c_d)}{1+n_d}$$

$$= \frac{\left(c_d-\frac{c_d}{\varphi}\right)(1+n_d)-a+c_{f,h}+n_d(c_{f,h}-c_d)}{1+n_d}$$

$$= \frac{c_d+c_dn_d-\frac{c_d}{\varphi}-\frac{c_d}{\varphi}n_d-a+c_{f,h}+n_dc_{f,h}-n_dc_d}{1+n_d}$$

$$= \frac{c_{f,h}-c_{f,h}-c_{f,h}n_d-a+c_{f,h}+n_dc_{f,h}}{1+n_d}$$

$$= \frac{c_{f,h}-a}{1+n_d} < 0$$

附录 D

$$SE(\varphi) = c_d(1+n_{f,h})\left[1-\frac{1}{\varphi-\frac{\varphi-1}{n_{f,h}^{\alpha}+1}}\right]$$

$$= c_d(1+n_{f,h})\left(1-\frac{n_{f,h}^{\alpha}+1}{\varphi(n_{f,h}^{\alpha}+1)-\varphi+1}\right)$$

$$\frac{\partial OI}{\partial\varphi} = \vartheta\frac{\partial SE}{\partial\varphi} = c_d\vartheta(1+n_{f,h})\frac{(n_{f,h}^{\alpha}+1)n_{f,h}^{\alpha}}{[\varphi(n_{f,h}^{\alpha}+1)-\varphi+1]^2} > 0$$

附录 E

$$SE(\alpha) = c_d(1+n_{f,h})\left[1-\frac{1}{\varphi-\frac{\varphi-1}{n_{f,h}^{\alpha}+1}}\right]$$

$$= c_d(1+n_{f,h})\left(1-\frac{n_{f,h}^{\alpha}+1}{\varphi(n_{f,h}^{\alpha}+1)-\varphi+1}\right)$$

$$\frac{\partial OI}{\partial \alpha}=\vartheta\frac{\partial SE(\alpha)}{\partial \alpha}$$
$$=\vartheta c_d(1+n_{f,h})\cdot$$
$$\left\{-\frac{n_{f,h}^{\alpha}\ln(n_{f,h})[\varphi(n_{f,h}^{\alpha}+1)-\varphi+1]-\varphi n_{f,h}^{\alpha}\ln(n_{f,h})(n_{f,h}^{\alpha}+1)}{[\varphi(n_{f,h}^{\alpha}+1)-\varphi+1]^2}\right\}$$
$$=\vartheta c_d(1+n_{f,h})n_{f,h}^{\alpha}\ln(n_{f,h})\left\{-\frac{\varphi(n_{f,h}^{\alpha}+1)-\varphi+1-\varphi(n_{f,h}^{\alpha}+1)}{[\varphi(n_{f,h}^{\alpha}+1)-\varphi+1]^2}\right\}$$
$$=\vartheta c_d(1+n_{f,h})n_{f,h}^{\alpha}\ln(n_{f,h}^{\alpha})\frac{\varphi-1}{[\varphi(n_{f,h}^{\alpha}+1)-\varphi+1]^2}>0$$

参考文献

[1] Agosin M, Mayer R. Foreign Investment in Developing Countries: Does it Crowd in Domestic Investment? [J]. United Nations Conference on Trade & Development, 2000, 33(2):149 - 162.

[2] Aitken B, Harrison A. Do Domestic Firms Benefit from Foreign Direct Investment? Evidence From Venezuela [J]. American Economic Review, 1999,89(3):605 - 618.

[3] Alfaro L, Chanda A, Kalemli-Ozcan S, et al. FDI and Economic Growth: the Role of Local Financial Market [J]. Journal of International Economics, 2004(64):89 - 112.

[4] Ayyagari M, Kosová R. Does FDI Facilitate Domestic Entrepreneurship? Evidence from the Czech Republic [J]. George Washington University Working Paper, 2006, 18(1):14 - 29.

[5] Aziz J. Growth-Financial Intermediation Nexus in China [J]. IMF Working Paper, 2002, 194(2).

[6] Barro R J, Sala-i-Martin X. Economic Growth [M]. Cambridge, MA: McGraw-Hill, 1995.

[7] Blomström M, Lipsey R E, Zejan M. What Explains Developing Country Growth [R]. NBER Working Paper 4132,1992.

[8] Blomström M. Foreign Investment and Productive Efficiency: The Case of Me Mexico [J]. Journal of Industrial Economics, 1986, 35(1): 97 - 110.

[9] Blomström M, Kokko A. Multinational Corporations and Spillover [J]. Journal of Economic Surveys, 1998(12):247 - 277.

[10] Bond S, Hoeffler A, Temple J. GMM Estimation of Empirical Growth Models [R]. CEPR Discussion Paper 3048,2001.

[11] Borensztein E, De Gregorio J, Lee J W. How Does Foreign Direct Investment Affect Economic Growth [J]. Journal of International Economics,1998(45): 115 - 135.

[12] Bosworth B P, Collins S M. Capital Flows to Developing Economies Implications for Saving and investment [J]. Brookings Papers on Economic Activity, 1999, 1: 143 - 169.

[13] Buckley P J, Clegg J, Wang C. Is the Relationship Between Inward FDI and Spillover Effects Linear An Empirical Examination of the Case of China [J]. Journal of International Business, 2007,38(3):447 - 459.

[14] Busse M, Groizard J L. Foreign Direct Investment, Regulations and Growth [J]. World Economy, 2008, 31(7):861 - 886 .

[15] Caves R. International Corporations: The Industrial Economies of Foreign Investment [J]. Economica, 1971, 38(149):1 - 27.

[16] Caves R. Multinational Firms, Competitionand Productivityin Host Country Markets [J]. Economica, 1974, 41(162):176 - 193.

[17] Chen J, Fleisher B M. Regional Income Inequality and Economic Growth in China [J]. Journal Comparative economics, 1996,22(2):141 - 164.

[18] Choong C. Does Domestic Financial Development Enhance the Linkages Between Foreign Direct Investment and Economic Growth [J]. Empirical Economics, 2012, 42(3):819 - 834.

[19] Claire Economidou, Antu Panini Murshid. Testing the Linkages Between Trade and Productivity Growth [J]. Review of Development Economics, 2008, 12(4):845 - 860.

[20] Chowdhury A, Mavrotas G. FDI and Growth:A Causal Relationship [R]. United Nations University, WIDER, Research Paper 25, 2005.

[21] Cohen W, D Levinthal. Innovation and Learning: The Two Faces of R&D [J]. Economic Journal, 99(397): 569 - 596.

[22] Darrat A F, Kherfi S, Soliman M. FDI and Economic Growth in CEE and MENA Countries [J]. International Business & Economics Research

Jounal, 2011, 4(12).

[23] Dayal-Gulati A, Husain A M. Centripetal Forces in China's Economic Takeoff [J]. IMF Staff Papers, 2002, 49(3): 364 - 394

[24] De Mello J L. Foreign Direct Investment in Developing Countries and Growth: A Selective Survey [J]. The Journal of Development Studies, 1997, 1: 1 - 34.

[25] Easterly W. How Much Do Distortions Affect Growth [J]. Journal of Monetary Economics, 1993, 32: 187 - 212.

[26] Feder. On Export and Economic Growth [J]. Journal of Development Economics, 1982(12): 59 - 73.

[27] Findlay R. Relative Backwardness, Direct Foreign Investment, and the Transfe of Technology: A Simple Dynamic Model [J]. Quarterly Journal of Economics, 1978,92(1):1 - 16.

[28] Fujita M, Krugman P, A J Venables. The Spatial Economy: Cities, Regions, and International Trade [M]. Cambridge, MA: MIT Press, 1999.

[29] Ge Ying. Regional Inequality, Industry Agglomeration and Foreign Trade, the Case of China. UNU-WIDER Research Paper No. 105, 2006.

[30] Globerman S. Foreign Direct Investment and "Spillover" Efficiency Benefits in Canadian Manufacturing Industries [J]. Canadian Journal of Economics, 1979, 12(1): 42 - 56.

[31] Görgand H, Greenaway D. Much Ado About Nothing? Do Domestic Firms Really Benefit from Foreign Direct Investment [J]. World Bank Research Observer, 2004, 19(2): 171 - 197.

[32] Hansen H, Rand J. On the Causal Links Between FDI and Growth in Developing Countries [J]. World Economy, 2006,29(1):21 - 41.

[33] I Ozturk. Foreign Direct Investment-Growth Nexus A Review of the Recent Literature [J]. International Journal of Applied Econometrics and Quantitative Studies, 2007, 4(2): 80 - 98.

[34] James R Markusen Anthony J Venables. Foreign Direct Investment as a Catalyst for Industrial Development [J]. European Economic Review, 1999, 43(2): 335 - 356.

[35] Javorcik S B. Does Foreign Direct Investment Increase the Productivity of

Domestic Firms? In Search of Spillovers Through Backward Linkages [J]. American Economic Review, 2004, 94(3):605 - 627.

[36] Lensink R, Morrissey O. Foreign Direct Investment_Flows, Volatility, and the Impact on Growth [J]. Review of International Economics, 2006, 14 (3):478 - 493.

[37] Levin A, L K Raut. Complementarities Between Export and Human Capital in Economic Growth: Evidence from the Semi-industrialized Countries [J]. Economic Development and Culture Change,1999,1:155 - 174.

[38] Li X, Liu X. Foreign Direct Investment and Economic Growth: An Increasingly Endogenous Relationship [J]. World Development, 2005, 33 (3):393 - 407.

[39] Markusen J, Venables A. Foreign Direct Investment as a Catalyst for Industrial Development [J]. European Economic Review, 1999, 43(2): 335 - 356.

[40] Marta Beng. Foreign Direct Investment, Economic Freedom and Growth: new Evidence from Lartin America [J]. European Joumal of Political Economy, 2003, 19: 529 - 545.

[41] Nath H K. Trade, Foreign Direct Investment and Growth_Evidence from Transition Economies [J]. Comparative Economic Studies, 2009, 51(1): 20 - 50.

[42] Ottaviano GIP, Puga D. Agglomeration in the Global Economy: A Survey of the New Economic Geography [J]. Process Safety & Environmental Protection, 2015, 97(31): 46 - 47.

[43] Panagariya A. Evaluating the Case for Export Subsidies [C]. Washington, D. C. : Policy Research Working Paper 2276, 2000.

[44] Q Zhang, Felmingham B. The Role of FDI, Exports and Spillover Effects in the Regional Development of China [J]. Journal of Development Studies, 2002, 38(4): 157 - 178.

[45] Roberto Alvarez, Ricardo López. Is Exporting a Source of Productivity Spillovers? [J]. Social Science Electronic Publishing, 2006, 144 (4): 723 - 749.

[46] Rodrik D. The New Global Economics and Developing Countries: Making Openness Work [M]. Washington, D. C.: Overseas Development Council, 1999.

[47] Salt I. The Negative Correlation Between Foreign Direct Investment and Economic Growth in the Third World: Theory and Evidence [J]. Rivista Internationale discienze Economich ecommerciali, 1992(39): 617 - 633.

[48] Scitovsky T. Two Concepts of External Economics [J]. Journal of Political Economy, 1954(7):101 - 114.

[49] Shan J. AVAR Approach to the Economics of FDI in China [J]. Applied Economics, 2002(34):885 - 893.

[50] Shorrocks, Anthony F. Inequality Decomposition by Factor Components [J]. Econometrica,1982,(50):193 - 211.

[51] Sjöholm F. Technology Gap, Competition and Spillovers from Direct Foreign Investment: Evidence from Establishment Data [J]. Journal of Development Studies, 1999,36(1):53 - 73.

[52] Sun H. Direct Foreign Investment and Linkage Effects: the Experience of China [J]. Asian Economics,1996,25:5 - 28.

[53] Wang J Y, M Blomström. Foreign Investment and Technology Transfer: A Simple Model [J]. European Economic Review,1992,36: 137 - 155.

[54] Williamson J G. Regional Inequality and the Proces of National Development: A Description of the Patterns [J]. Economic Development and Culture Change, 1965,13(4):1 - 84.

[55]Yao S. On the Decomposition of Gini Coefficients by Population Class and Income Source: a Spread Sheet Approach and Application [J]. Applied Economics, 1999(31):1249 - 1264.

[56] X Zhang, K H Zhang. How does Globalization Affect Regional Inequality within a Developing Country? Evidence from China [J]. Journal of Development Studies, 2003(39):47 - 67.

[57] Anthony Shorrocks,万广华. 收入差距的地区分解[J]. 世界经济文汇,2005(3):1 - 18.

[58] 包群,许和连,等. 出口贸易如何促进经济增长? ——基于全要素生产率的实

证研究[J]. 上海经济研究,2003(3):3-10.
[59] 薄文广. FDI、国内投资与经济增长:基于中国数据的分析和检验[J]. 世界经济研究,2005(9):63-69.
[60] 薄文广. FDI挤入或挤出了中国的国内投资么?——基于面板数据的实证分析与检验[J]. 财经论丛,2006(1):64-72.
[61] 薄文广. 中国区际增长溢出效应及其差异——基于面板数据的实证研究[J]. 经济科学,2008(3):34-47.
[62] 陈飞翔,黎开颜,刘佳. 锁定效应与中国地区发展不平衡[J]. 管理世界,2007(12):8-17.
[63] 陈继勇,盛杨怿. 外商直接投资的知识溢出与中国区域经济增长[J]. 经济研究,2008(12):39-49.
[64] 陈家涛. 挤出还是挤入:外商直接投资对国内投资的效应[J]. 财经科学,2009(4):110-116.
[65] 陈建军,胡晨光. 产业集聚的集聚效应——以长江三角洲次区域为例的理论和实证分析[J]. 管理世界,2008(6):68-83.
[66] 陈良文,杨开忠. 集聚经济的六类模型:一个研究综述[J]. 经济科学,2006(6):107-117.
[67] 陈涛涛. 影响中国外商直接投资溢出效应的行业特征[J]. 中国社会科学,2003(4):33-43.
[68] 陈涛涛. 中国FDI行业内溢出效应的内在机制研究[J]. 世界经济,2003,26(9):23-28.
[69] 陈秀山,徐瑛. 中国区域差距影响因素的实证研究[J]. 中国社会科学,2004(5):117-129.
[70] 陈羽,朱子凯,贺扬. 技术差距如何影响FDI技术溢出效应?——基于中国制造业面板数据的实证分析[J]. 世界经济研究,2012(6):70-74.
[71] 程培堽,周应恒,殷志扬. FDI对国内投资的挤出(入)效应:产业组织视角[J]. 经济学(季刊),2009(3):1527-1548.
[72] 代谦,别朝霞. FDI、人力资本积累与经济增长[J]. 经济研究,2006(4):15-27.
[73] 单豪杰. 中国资本存量K的再估算:1952—2006年[J]. 数量经济技术经济研究,2008(10):17-31.

[74] 段文斌，余泳泽. FDI 资本挤入（挤出）效应的内在机制及其“门槛特征”研究——理论推导与面板门限实证检验[J]. 南开经济研究，2012(6)：49 - 63.

[75] 樊纲，王小鲁，朱恒鹏. 中国市场化指数：各地区市场化相对进程 2011 年报告[M]. 北京：经济科学出版社，2011.

[76] 范剑勇. 市场一体化、地区专业化与产业集聚趋势——兼谈对地区差距的影响[J]. 中国社会科学，2004(6)：39 - 51.

[77] 范剑勇. 产业结构失衡、空间集聚与中国地区差距变化[J]. 上海经济研究，2008(2)：3 - 13.

[78] 方友林，冼国明. FDI 对我国国内投资的挤入挤出效应：地区差异及动态特征[J]. 世界经济研究，2008(6)：69 - 73.

[79] 傅元海，唐未兵，王展祥. FDI 溢出机制、技术进步路径与经济增长绩效[J]. 经济研究，2010(6)：92 - 104.

[80] 高敏雪，刘晓静. 中国外商投资存量估算及扩展分析[J]. 经济理论与经济管理，2009(6)：11 - 16.

[81] 高铁梅. 计量经济分析方法与建模[M]. 北京：清华大学出版社，2009.

[82] 郭熙保，罗知. 外资特征对中国经济增长的影响[J]. 经济研究，2009(5)：52 - 65.

[83] 郭志仪，杨曦. 外商直接投资对中国东、中、西部地区经济增长作用机制的差异——1990—2004 年地区数据的实证检验[J]. 南开经济研究，2008(1)：75 - 86.

[84] 何菊香，汪寿阳. 金砖四国 FDI 与经济增长关系的实证分析[J]. 管理评论，2011，23(9)：3 - 11.

[85] 何雄浪，李国平，杨继瑞. 我国产业集聚原因的探讨——基于区域效应、集聚效应、空间成本的新视角[J]. 南开经济研究，2007(6)：43 - 60.

[86] 贺灿飞，梁进社. 中国区域经济差异的时空变化：市场化、全球化与城市化[J]. 管理世界，2004(8)：8 - 17.

[87] 洪兴建. 中国地区差距、极化与流动性[J]. 经济研究，2010(12)：82 - 96.

[88] 黄菁，赖明勇，王华. FDI 在中国的技术外溢效应：基于面板数据的考察[J]. 世界经济研究，2008(10)：48 - 55.

[89] 蒋殿春，张宇. 经济转型与外商直接投资技术溢出效应[J]. 经济研究，2008(7)：26 - 38.

[90] 金煜,陈钊,陆铭.中国的地区工业集聚:经济地理、新经济地理与经济政策[J].经济研究,2006(4):79-89.

[91] 靳涛,沈斌.FDI与国内资本投资对经济增长影响效率的比较——基于我国转型期的一个实证研究[J].国际贸易问题,2008(3):79-85.

[92] 赖明勇,包群,彭水军,等.外商直接投资与技术外溢——基于吸收能力的研究[J].经济研究,2005(8):95-105.

[93] 李平,盛丹.关于中国各地区FDI技术溢出的实证分析:1985—2003[J].山东师范大学学报:人文社会科学版,2007(1):142-145.

[94] 李秀敏.人力资本、人力资本结构与区域协调发展——来自中国省级区域的证据[J].华中师范大学学报:人文社会科学版,2007(3):47-56.

[95] 李艳丽.FDI对国内投资的挤入挤出效应——基于地区差异及资金来源结构视角的分析[J].经济学动态,2010(10):20-23.

[96] 李子奈.计量经济学——方法和应用[M].北京:清华大学出版社,1992.

[97] 梁志成.中国FDI的最优规模与内生增长研究[J].世界经济,2000(7):33-37.

[98] 刘金全,等.我国省际经济增长敛散性的定量测度与经验证据——基于1952—2006年数据的分析[J].管理世界,2009(10):42-50.

[99] 刘强.中国经济增长的收敛性分析[J].经济研究,2001(6):70-77.

[100] 刘巳洋,等.外商直接投资对内资制造业企业的溢出效应:基于地理距离的研究[J].经济学(季刊),2008(4):115-128.

[101] 刘忠生,李东.中国内资与外资的效率差异及收敛性分析[J].数量经济技术经济研究,2009(5):54-67.

[102] 卢荻.外商投资与中国经济发展——产业和区域分析证据[J].经济研究,2003(9):40-48.

[103] 陆建军.FDI对中国国内投资影响的实证分析[J].财经问题研究,2003(9):36-40.

[104] 路江涌.外商直接投资对内资企业效率的影响和渠道[J].经济研究,2008(6):95-106.

[105] 路江涌,陶志刚.我国制造业区域集聚程度决定因素的研究[J].经济学(季刊),2007(3):801-816.

[106] 罗伯特·J.巴罗,哈维尔·萨拉伊马丁.经济增长[M].北京:中国社会科学

出版社,2000.

[107] 罗长远,张军. 转型时期的外商直接投资:中国的经验[J]. 世界经济文汇,2008(1):27-42.

[108] 罗长远,赵红军. 外国直接投资、国内资本与投资者甄别机制[J]. 经济研究,2003(9):49-57.

[109] 罗长远. FDI、国内资本与经济增长——1987—2001 年中国省际面板数据的证据[J]. 世界经济文汇,2006(4):27-43.

[110] 罗长远. FDI 经济学:东道国的视角[J]. 世界经济文汇,2004(3):49-64.

[111] 罗长远. FDI 与国内资本:挤出还是挤入[J]. 经济学(季刊),2007(2):381-400.

[112] 马静,赵果庆. 中国地区制造业集聚与 FDI 依赖——度量、显著性检验与分析[J]. 南开经济研究,2009(4): 90-108.

[113] 马立军. 外商直接投资(FDI)与中国省际经济增长差异——基于 GMM 估计方法[J]. 国际贸易问题,2013(10):149-158.

[114] 彭红枫,鲁维洁. 外商直接投资的动态挤入挤出效应——基于全国及地区差异的分析和检验[J]. 世界经济研究,2011(2):59-64.

[115] 亓朋,等. 技术差距与外商直接投资的技术溢出效应[J]. 数量经济技术经济研究,2009(9):92-106.

[116] 钱雪亚. 中国区域经济差异源于 FDI? ——析二次统计误差的形成[J]. 统计研究,2007(3):83-87.

[117] 桑秀国. 利用外资与经济增长——一个基于新经济增长理论的模型及对中国数据的验证[J]. 管理世界,2002(9):53-63.

[118] 沈桂龙,宋方钊. FDI 对中国收入分配差距的影响及对策——基于多维变量基础上的实证研究[J]. 世界经济研究,2011(10):69-73.

[119] 沈坤荣,傅元海. 外资技术转移与内资经济增长质量——基于中国区域面板数据的检验[J]. 中国工业经济,2010(11):5-15.

[120] 沈坤荣,耿强. 外国直接投资、技术外溢与内生经济增长——中国数据的计量检验与实证分析[J]. 中国社会科学,2001(5):82-93.

[121] 沈坤荣,李剑. 中国贸易发展与经济增长影响机制的经验研究[J]. 经济研究,2003(5):32-56.

[122] 石风光,杨文举. 经济增长收敛的计量研究评述[J]. 经济问题,2008(9):

6-9.

[123] 孙江永,冼国明.产业关联、技术差距与外商直接投资的技术溢出[J].世界经济研究,2011(4):55-61.

[124] 田素华,张旭欣.FDI对东道国本地投资有挤入效应吗?——基于中国事实的理论分析[J].世界经济文汇,2012(4):31-51.

[125] 万广华,陆铭,陈钊.全球化与地区间收入差距:来自中国的证据[J].中国社会科学,2005(3):17-26.

[126] 万广华.不平等的度量与分解[J].经济学(季刊),2008(1):347-368.

[127] 王成岐,张建华,安辉.外商直接投资、地区差异与中国经济增长[J].世界经济,2002(4):15-23.

[128] 王华,祝树金,赖明勇.技术差距的门槛与FDI技术溢出的非线性——理论模型及中国企业的实证研究[J].数量经济技术经济研究,2012(4):3-18.

[129] 王永齐.外商直接投资对国内资本形成的挤出效应分析[J].世界经济文汇,2005(6):39-51.

[130] 王志刚.质疑中国经济增长的条件收敛性[J].管理世界,2004(3):25-30.

[131] 王志鹏,李子奈.外商直接投资对国内投资挤入挤出效应的重新检验[J].统计研究,2004(7):37-43.

[132] 魏后凯.外商直接投资对中国区域经济增长的影响[J].经济研究,2002(4):19-26.

[133] 魏伟,杨勇,张建清.内资企业实现技术赶超了吗?——来自中国制造业行业数据的经验研究[J].数量经济技术经济研究,2011(9):19-33.

[134] 文玫.中国工业在区域上的重新定位和聚集[J].经济研究,2004(2):84-94.

[135] 吴丹丹,谢建国.FDI对产业集群作用的实证研究——以江苏省制造业产业集群为例[J].世界经济研究,2007(6):54-61.

[136] 吴建新.外商直接投资的技术溢出效应和经济增长效应——基于动态面板数据一阶差分广义距方法的研究[J].山西财经大学学报,2011(3):8-15.

[137] 武剑.外国直接投资的区域分布及其经济增长效应[J].经济研究,2002(4):27-35.

[138] 冼国明,欧志斌.FDI对中国国内投资的挤入和挤出效应及进入壁垒对该效应的影响——基于行业面板数据的重新检验[J].世界经济研究,2008(3):64-67.

[139] 冼国明,孙江永.外商直接投资的挤入、挤出效应——基于外资不同来源地和中国地区差异的视角[J].世界经济研究,2009(8):42-49.

[140] 冼国明,文东伟.FDI、地区专业化与产业集聚[J].管理世界,2006(12):18-31.

[141] 谢申祥,王孝松.贸易开放、FDI与中国地区间收入差距——基于省际面板数据的经验分析[J].经济管理,2011(4):1-9.

[142] 徐玲.集聚经济机制、外部性与FDI在中国的产业区位选择[D].复旦大学,2010.

[143] 徐晓虹.外国直接投资与中国区域经济发展的实证分析[J].国际贸易问题,2006(9):67-73.

[144] 许冰.外商直接投资对区域经济的产出效应——基于路径收敛设计的研究[J].经济研究,2010(2):44-54.

[145] 杨宝良.外部经济与产业地理集聚 一个基本理论逻辑及对我国工业经济的实证研究[J].世界经济文汇,2003(6):53-63.

[146] 杨柳勇,沈国良.外商直接投资对国内投资的挤入挤出效应分析[J].统计研究,2002(3):6-8.

[147] 袁志刚,范剑勇.1978年以来中国的工业化进程及其地区差异分析[J].管理世界,2003(7):59-66.

[148] 张吉鹏,吴桂英.中国地区差距:度量与成因[J].世界经济文汇,2004(4):60-81.

[149] 张建华,欧阳轶雯.外商直接投资、技术外溢与经济增长——对广东数据的实证分析[J].经济学(季刊),2003(3):647-666.

[150] 张莉."金砖四国"FDI资本挤出挤入效应研究[J].世界经济与政治论坛,2012(2):27-40.

[151] 张鹏.FDI流入、出口贸易影响区域经济增长差异性的实证分析[J].国际贸易问题,2010(5):88-93.

[152] 张天顶.外商直接投资、传导机制与中国经济增长[J].数量经济技术经济研究,2004(10):40-48.

[153] 张宇.FDI技术外溢的地区差异与吸收能力的门限特征——基于中国省际面板数据的门限回归分析[J].数量经济技术经济研究,2008(1):28-39.

[154] 张瑜,王岳龙.外商直接投资、溢出效应与内生经济增长——基于动态面板

与中国省际面板数据的经验分析[J]. 经济与管理研究，2010(3)：112－117.

[155] 赵奇伟. 东道国制度安排、市场分割与 FDI 溢出效应：来自中国的证据[J]. 经济学(季刊)，2009(2)：891－924.

[156] 赵伟，张萃. FDI 与中国制造业区域集聚：基于 20 个行业的实证分析[J]. 经济研究，2007(11)：82－90.

[157] 钟昌标. 外资与区域经济增长关系的理论与实证[J]. 数量经济技术经济研究，2000(1)：31－33.

[158] 钟昌标. 外商直接投资地区间溢出效应研究[J]. 经济研究，2010(1)：80－89.

[159] 庄起善，李卢霞. FDI 对转型国家经济增长影响的实证研究——基于中东欧 11 国和独联体 7 国面板数据的检验[J]. 复旦学报：社会科学版，2008(6)：83－93.

后　记

本书是在我博士论文基础上修改而成的。

本人 2006 年从南京大学商学院硕士毕业，2010 年 9 月有幸再入南大求学，攻读经济学博士学位。回顾读博的历程，各种艰辛和收获历历在目。很多人说读博士就像围城，城外的人想进来，城里的人想赶紧出去。虽然读博之前对其中的艰辛有一些了解，但没有真正进入“围城”，是无法体会这里面的酸甜苦辣的。幸运的是在导师杨德才教授的谆谆教导下，在同事、同学的帮助下，我终于走出了“围城”。

我的导师杨德才教授学识渊博，治学严谨，他开设的制度经济学课程让我受益终身，开展的同门学术交流让我感受到了师兄师姐们的求学艰辛和老师治学的严谨求实的风格。杨老师待人诚恳，在学生面前毫无架子，从不给学生增添学术研究以外的压力，让学生能够专心向学。杨老师对待学术问题一丝不苟，在我写作过程中，大到论文框架，小到标点符号，都得到了杨老师的耐心指导和修改，他严谨的治学态度和敏锐的学术思维让我敬佩不已。

读博期间有幸聆听了洪银兴教授、刘志彪教授、沈坤荣教授、安同良教授、裴平教授、于津平教授、郑江淮教授、葛杨教授、梁东黎教授、顾江教授、李晓春教授、皮建才教授、耿强教授、王苏生教授等老师的课程。他们的授课不仅让我增进了对经济学理论和学术论文写作的理解，也增进了对经济学研究的热爱。

读博期间工作上得到了单位领导、同事的包容和支持。事实求是地讲，读博期间本人难免对所负责的工作精力投入不够，工作没有取得理想的成效，但院长沙润教授仍然鼓励我抽时间写作论文，每次在单位“偶遇”他，听到最多的话就是：“论文搞得怎么样了?”从未有过工作成效方面的苛责。

博士论文完成之后，导师和同事建议我以博士论文为基础，增加相应章节，整理出版专著，在他们的鼓励下我又增加了两章内容，与东南大学出版社签订了出版合同。在此要感谢东南大学出版社编辑老师的高质量的辛苦付出，编辑老师对语言表达、公式表述、数据计算等逐一编校，纠正了诸多错误，体现了东南大学出版社对出版物的精益求精的追求。

感谢同事王明成老师、何萍老师对本书内容提供的修改建议，他们经常与我交流专著写作问题，提供了很多有意义的建议，本书第五章的写作思路就是在与他们的交流中产生的。

书稿总算即将付梓，再次感谢导师杨德才老师、东南大学出版社编辑老师为本书写作提供的指导和编校工作，由于能力和时间有限，书中难免还有错误之处，恳请读者批评指正。

马立军
2016 年 12 月